プロが教える オプション売買の実践

増田 丞美

GAME

Pan Rolling

免責事項

この本で紹介している方法や技術、指標が利益を生む、あるいは損失につながることはない、と仮定してはなりません。過去の結果は必ずしも将来の結果を示したものではありません。

この本の実例は、教育的な目的でのみ用いられるものであり、売買の注文を勧めるものではありません。

以下の声明はNFA（NATIONAL FUTURES ASSOCIATION＝米国先物協会）の勧告によるものです。

「仮定に基づいた、あるいは実験によって得られた成績は、固有の限界があります。実際の成績記録とは異なり、模擬的なものは実際の取引を示しているものではありません。また取引は実際行われたわけではないので、流動性の不足にみられるようなある種の市場要因により、利益が上下に変動する可能性があります。実験売買プログラムは、一般に、過去の事実に基づく利益を元に設計されがちです。本書の記述によって引き起こされたと考えられるあらゆる不利益に関する抗議は、一切行われるべきではありません」

はじめに

本書は拙著『私はこうして投資を学んだ』のオプション部分を抽出し書き改めたものと新たに加筆したものから構成されています。本書において私が最も言いたいことは〝オプション取引という名の「ゲーム」は株式投資や先物取引とは質もルールもまったく異なるものだ〟ということです。

オプション取引で成功するためには、まずオプションの本質を理解する必要があります。世界中の著名なトレーダーや投資家たちが自分の専門外であるオプションについて、さも何もかも知り尽くしているかのように色々と語ってくれています。その中には『マーケットの魔術師』に登場するウィリアム・オニール氏、ジム・ロジャース氏もいます。さらに米国運用会社フィデリティ社の元大物ファンドマネジャーであるピーター・リンチ氏、そして言わずと知れた米国が生んだ偉大なる投資家、ウォーレン・バフェット氏、ヘッジファンドの帝王ジョージ・ソロス氏さえも、なぜかオプションについて語ったことがあります。

プロとして長い間オプションに関わってきた私に言わせてもらえば、彼らがオプションについて語った内容の90％以上は誤りです。この場を借りて次の2点について述べさせていただきたいと思います。

一つはなぜ彼らはご親切にも、自分の専門外のオプション取引について語るのでしょうか。そしてもう一つは、彼らが語るオプション取引の内容は、なぜこれほどまでに誤解に満ちているのでしょうか。

もし時間があれば、finance.yahoo.comで米国の株式オプションやETF（上場投信）オプション、株価指数オプションを調べてみてください。上場している銘柄のほとんどにオプションがあり活発に取引されています。株式の世界とオプションは切っても切り離せないほどポピュラーなものなのです。個人投資家の間にもすっかり浸透していますし、無視できない市場となっています。日本における株式市場参加者の想像をはるかに超えています。

つまりオプション取引の専門家ではなくても、株式市場に関わっている者なら誰でもオプション取引について語りたくなっても不思議ではない状況があるのです。ですから百歩譲って、専門外の投資家がオプション取引に言及することへの異議は取り下げましょう。

しかし問題は次です。「なぜ彼らが語るオプション取引の内容は誤解に満ちているのか」という点です。これこそが皆さんに、本書の全てを通じて理解していただきたい点なのです。そしてこれを知ることこそが〝オプション取引で成功するための近道である〟と強調したいのです。

なぜ著名な投資家たちが、これほどまでに誤った認識をもっているのか。それは彼らが自分の専門である株式相場と同じ土俵の上でオプションを論じようとするからです。そこにすでにムリが生じます。つまり誤解が生じるのです。

オプション取引は株式投資などの「ゲーム」とは全くルールが異なります。例えて言うならベースボールとクリケットを同じスポーツだと理解しているようなものなのです。

(注) クリケット(cricket)は、半径100メートルほどの広大なフィールド(クリケットではオヴァール：ovalと呼ばれる)で行われる野球に似た球技。野球の原型ではないかという説もある。イギリスで発祥したスポーツなので、英連邦諸国やイギリスを旧宗主国とする国々などで絶大な人気を誇る。またサッカーに次いで世界で2番目に競技人口の多いスポーツである。

オプション取引で成功するには、当然ながらオプションについて詳しく知らなければなりません。しかしほとんどの投資家は上述の大物投資家も含めて、このきわめて当たり前のことを無視または軽視しています。オプションは「相場（原市場・銘柄）を調査・分析して、〝将来上がると予測してコールを買う〟〝下がると予測してプットを買う〟」といった単純なゲームではないのです。「大物投資家」はさすがにこれには気づいているようです。しかし彼らは非常に短絡的に「オプションはリスクが大きすぎる、やるべきではない」と自著で述べておりオプション取引に対して批判的です。

そうでしょうか。本当にオプション取引はリスクが大きすぎるでしょうか。

オプションを少しかじると「売り戦略」に興味をもつ投資家が増えます。しかし彼らの多くが「売り戦略」について理解しているかと言えば、かなり怪しいと思われます。その中には何とあの大物トレーダー、ジム・ロジャース氏も含まれているのには驚かされます。彼が『マーケットの魔術獅』（パンローリング刊）の中で語ったことを引用しましょう。

「私はオプションを買わないんだ。オプションの買いも宿無しへの近道だ。ＳＥＣの調査によれば90％以上のオプションが損で満期を迎えている。つまりオプションのロング・ポジションが90％以上損をするなら、ショート・ポジションは90％以上儲かるはずだ」

何と単純なのでしょう。これは全くのウソです。

詳細は本書の中で述べていますが、オプション売り戦略はそんなに単純ではありませんし、買い戦略が絶対不利ということも断じてないのです。もう一例挙げてみましょう。米国大手運用会社の元大物ファンドマネジャー、ピーター・リンチ氏です。氏の著書『ピーター・リンチの株で勝つ』から引用します。

「早く儲けたい多くの小口投資家にとっては、オプションの潜在利益は大きくて魅力的に見えるだろう。ところが実際は思い通りにはならず、アっという間に損をしてしまいがちなのだ。オプション契約は１、２ヶ月の勝負、つまり期限が来ると無価値になるのである。そしてまた別のオプションを買い、１００％の損をするというような結果になってしまう。こういった一連の動きは、あなたをさらに泥沼へと落ち込ませることだろう。」

オプションのプロである私が尋ねたいです。「本当ですか？」と。これについても本書を読めば分かります。彼もまたオプションについて語る十分な資格はないのです。取引の仕方によっては氏の専門である〝株式投資の方がずっと難しい、いや場合によっては投機的でさえある〟ということに気づくでしょう。

最後に投資家である皆さんに以下のことを述べておきたいと思います。日本市場においてオプション取引を行おうとすれば、十分に取引可能な市場は実際には「日経225オプション」しかありません。米国には数多くのオプションがあるのにも拘わらず日本には日経225だけです。さらに仕組みが米国と比べて未熟なことから、個人投資家が参加しにくい市場となっておりマイナーなイメージがあるようです。

しかしもう一度米国の株式オプションを思い出してください。S&P500といった株価指数オプション、S&P500やナスダック100に連動したETF（上場投信）オプション、マイクロソフトやアマゾンドットコムあるいはヤフーといった個別株のオプション、さらにはこれらの個別株のLEAPS（長期オプション）など、かなりの種類とかなりの取引量があります。最近では電子取引市場が主流になってきており、さらに取引量は増加しています。そうなのです。オプション取引は決して〝マイナー〟ではないのです。株式投資やトレードと並ぶ〝メジャー〟な資産運用の手法なのです。

末筆ながら本書の出版にあたって尽力してくださった以下の方々に感謝したいと思います。まず編集者兼ライターの中村千砂子さん。今や最もよくオプションを知る数少ない編集者の一人と言えるでしょう。彼女のオプションの知識と理解、著者の考えに対する理解なしでは、ここまですばらしい編集はできなかったでしょう。大いに助かりました。ありがとうございます。井坂和剛さん、組版ご苦労さまでした。そして竹内吾郎さん。装丁にまで口を挟んで失礼しました。すばらしい出来栄えです。感謝にたえません。

そして本書を手にされた読者の皆さんに感謝すると同時に、ご幸運を祈ります。

平成18年11月1日

著者記す

第4章　オプション取引のための分析術

CONTENTS

第1章

オプションの本質

1. オプションの基盤

「オプションって何?」と尋ねると、少し勉強した人なら
〝オプションとは、あらかじめ決められた一定数量の原市場(銘柄)を、あらかじめ決められた期日(限月)までに、あらかじめ決められた価格(権利行使価格)で買うまたは売る権利のことである〟
と答えるでしょう。
正解ですが、それはルールでしかありません。

◆オプションの前提

オプションの前提は、「相場の行方は誰にもまったく分からない」という至極当たり前のことです。

そして「相場の行方が分からないにも拘わらず、その状況で利益を上げる確率が高い投資法は何か」ということから始まっています。

もし皆さんが株式あるいは先物取引において、「自分は、将来の相場変動を予測することに才能がある」という自信があり、実際に利益を出されているのであれば、別にオプション取引をする必要はないと思います。

あまり自慢にはなりませんが、私自身は相場変動を予測し当てることは常々むずかしいと感じていました。ですから当てることで利益を得る株式市場や先物市場は正直大変でした。そしてこのオプション市場の、他とは異なるしくみや戦略を知ることによって、継続してコンスタントに利益をあげられるようになったのです。

しかも〝比較的簡単に〟です。

それから後はオプションの魅力にとりつかれ、オプションから離れることはできなくなりました。

◆確率統計論

オプションの根幹をなしているもう一つの要素は、確率統計論です。

オプションは、先ほど述べたように〝将来の相場変動はまったく分からない〟という前提に立って〝どうやって利益をあげるか〟ということに焦点を当てた金融商品でしたね。

今後の相場の動きを、チャートを見て予想する方も多いと思いますが、それはあくまで思惑であって確定した事実ではありません。

そこのところをきちんと押さえておいてください。

では「オプションとは何だろう」と勉強された方なら、これから述べる話はすでにお読みになったことと思います。でももう一度読み直してください。ここが重要なのです。一見ただの数字にしか見えませんが、オプションの基本はここにあります。

以下に何の規則性もない40個の数字がずっと並んでいます。

5、6、7、11、13、15、16、21、24、28、31、34、35、38、41、42、43、44、45、48、50、52、58、61、63、64、67、68、69、70、71、73、74、75、78、81、82、83、85、90

5の次に6、7、11と並び、最後は83、85、90となっています。「さて次にくる数字は何でしょう」と尋ねるわけではありません。規則性がないのですから答もないわけですね。でもこれらの数字は一体どういう性質のものだろう、と数学的に考えてみましょう。

規則性のない数字がどのように散らばっているのかを計算します。まず平均値を出します。この40個の数字を全部足し合わせて40で割れば平均値が出ますね。そして例えば5とか11、15、16、あるいはもっと高い数字で83とか85、90など、これらの数字が平均からどのくらい離れているのかを見るのです。

そうすることによって、ここに並んでいる数字の散らばり具合が見えてくるわけです。

これらの40個の数字を〝株価変動の範囲〟あるいは〝あるクラス40人の数学の点数〟と考えたほうが分かりやすいかもしれませんね。

これらの数字の意味するところを探るために、まず平均値を算出します。平均値はこれらの数字を全て足し合わせて40（個数）で割ります。49.025が平均値です。次にそれぞれの数字と平均値がどれだけ離れているかを調べます。それぞれの数字から平均値を引き算して求めることができますが、計算上不便なことが起きます。それはマイナスとプラスの数字が出てしまうことです。マイナスの数字を打ち消すために、ここでは便宜上それぞれの数字から平均値を引いた値を２乗（平方）します。マイナスの数字を２乗するとプラスになりますね。

例えば、44－49.025＝－5.025になります。この２乗は＋25.25になります。

それでは、平均値との差の２乗をそれぞれの数字について求め、さらにそれらを足し合わせて、その平均を求めてみましょう。答えは626.7744です。これは２乗した数字の平均ですから、その平方根を求めます。

平方根とは２乗してその数字になる数字ですね。

例えば４の平方根は２です。同じように求めると、626.7744の平方根は25.04（少数点第３位以下四捨五入）です。

実は、これが**標準偏差**なのです。

余談ですが、日本の受験教育の中で「偏差値」と教えられてきたものは、このように算出されていたのです。

これは数字の羅列の度合いを測るモノサシです。

25.04は1標準偏差（これを1シグマといいます）です。平均値が49.025ですから、1シグマの数値を足し引きすると、23.99～74.07の中に全体の68％が収まるということを意味しています。

逆に言えば、この範囲の外になるものは、全体の32％ということになります。上記40の数字を株価に置き換えるなら、株価が74.07ドルを超える確率は16％です。2シグマでは全体の約95％をカバーします。つまり、上記の例では全部を2シグマ（＝25.04×2＝50.08）でカバーしてしまうわけです。

どうでしょうか。何となく分かってきましたか。

◆シグマ（標準偏差）とオプションの関係

実はこの「標準偏差」というのは、オプションにおけるボラティリティ（後述）なのです。標準偏差が大きいとボラティリティが高く、反対に標準偏差が小さいとボラティリティは低いのです。これはリスクを測るモノサシにも使われます。

オプション取引の実践家は、このような理論を知る必要はないかもしれませんが、ボラティリ

図表 1-1　標準的な正規分布グラフ

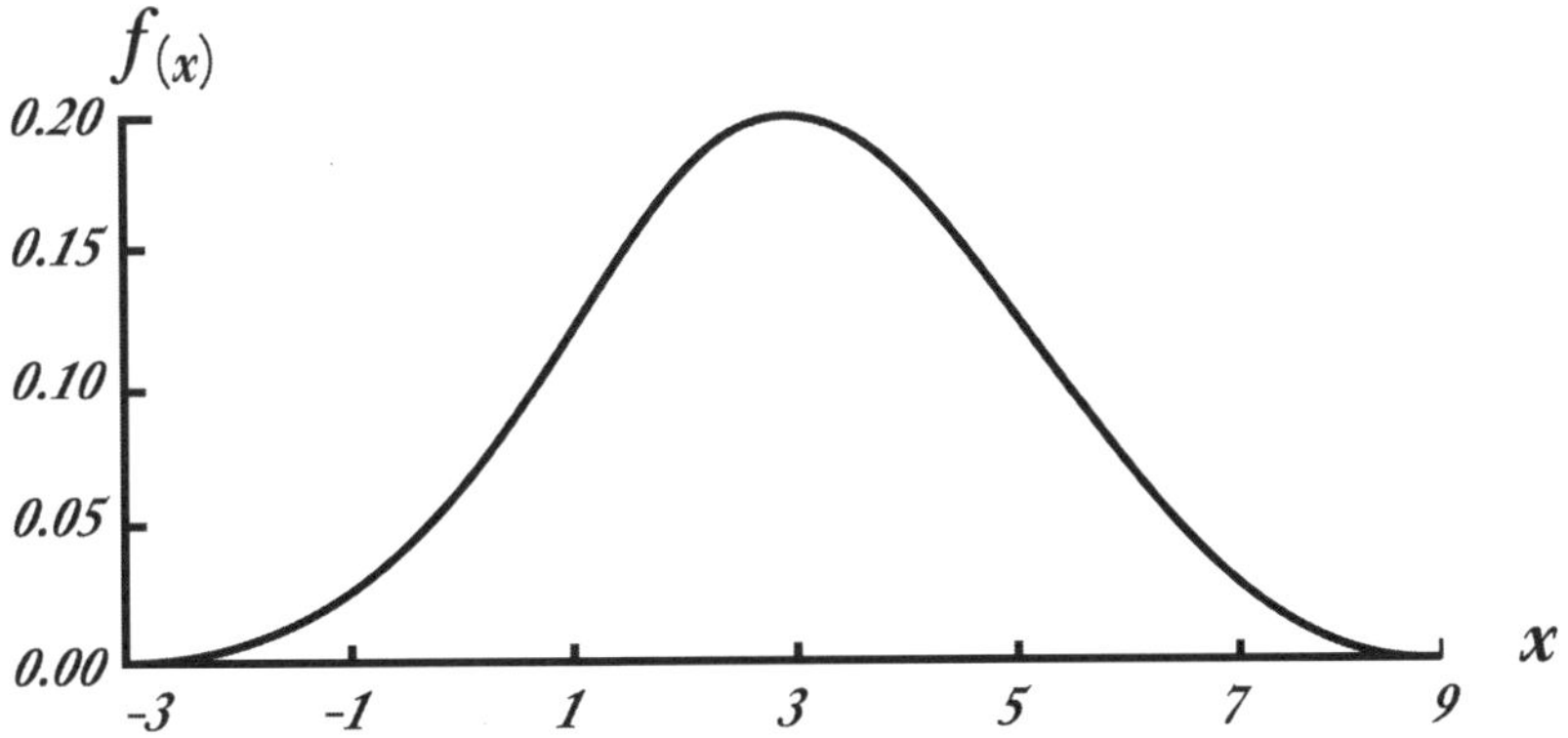

ティの概念を理解する上ではとても大切です。

参考までに**図表１－１**は正規分布（Normal Distribution）を表わしています。これは３を平均値として１シグマが２の左右対照のグラフです。

このグラフの３を上記例の49.025、１シグマを25.04として考えてください。このグラフでは１と５の間の面積が全体の約68％を占めます。実際のオプションの世界では、このようなきれいな正規分布にはなりませんが、これが基本中の基本です。

◆学校の偏差値に置き換えてみよう

皆さんはご自身やあるいはお子さんの学校で〝偏差値〟に悩まされた経験があるのではないでしょうか。偏差値が高いとか低いとか、その高さに一喜一憂されたかと思います。でも先に示したグラフを見れば、別に「偏差値が高いから頭がよい」ということではないことが分

図表 1-2　テスト結果分布図（算数）

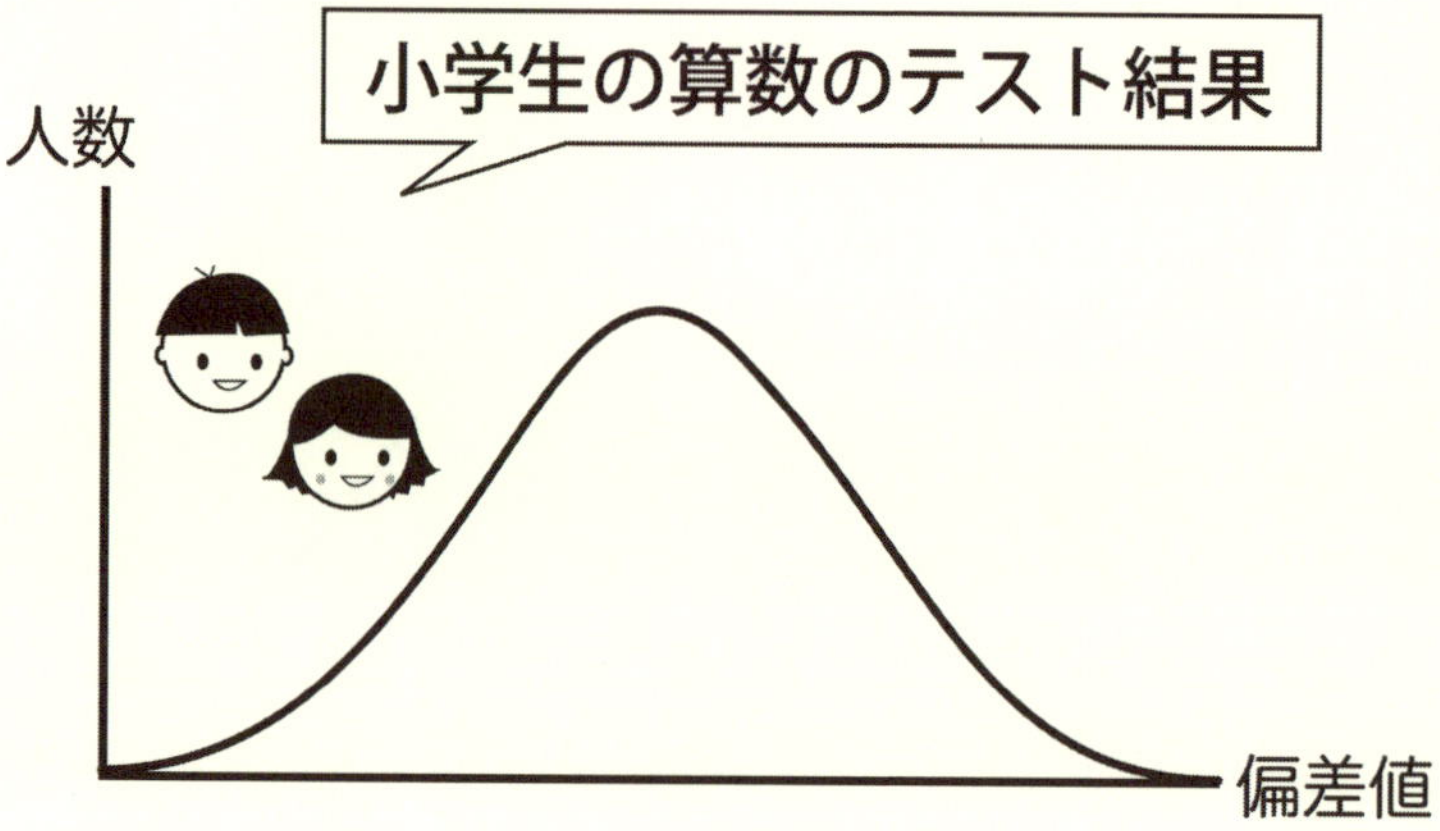

かりますね。

まったく誤解されて子供たちに伝わっているのですが、これは単なる「散らばり具合」でしかありません。例えば算数でも英語でも国語の試験でも何でもかまわないのですが、それを受けた生徒の点数の散らばり具合を表しているだけなのです。

つまり平均値からプラス方向に2シグマ以上離れている人は、その集団の中では成績が良い部類に入るということで、逆に平均値より2シグマ以上マイナスにいる人は、その集団の平均よりやや劣るというだけのことなのです。

◆東大生では？

別の言い方をすれば、東大生にテストを行っても、同じようにマイナス2シグマに位置する学生もいるわけで、だからと言って彼らが一般の学生より劣っているかと言

図表 1-3　テスト結果分布図（物理）

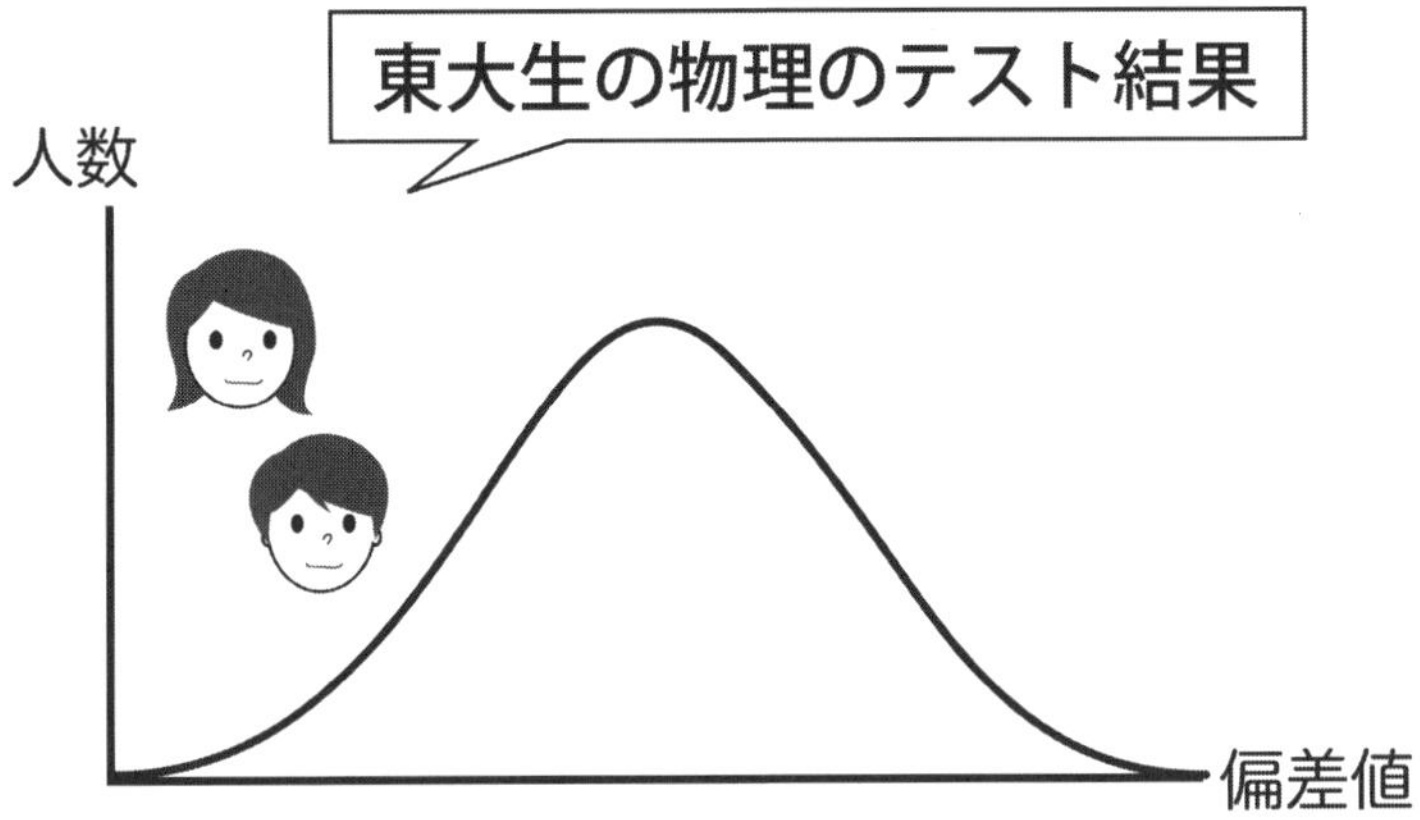

えば、東大生ですからそんなことはありませんね。（ここでは「東大生」は成績のいい人たちの代表集団として扱っています。）

数学的に見ると〝かなり著しく外れている、ちょっと普通（一般的）ではない〟ということになります。生徒の偏差値ということで言うならば、今の学校教育の基準における平均からは外れているけれど、それが〝平均から外れている＝劣っている〟ということでは決してないのです。もしかするとすごい天才かもしれません。これが偏差値の意味です。

◆相場に置き換えてみよう

この40個の数字を日経225の価格だと思ってください。「オプションは何を意味しているのか、何を基にしているのか」と言うと「相場がどちらに動くのかということを前提にして取引をしているわけではない」という

図表 1-4　株価分布図

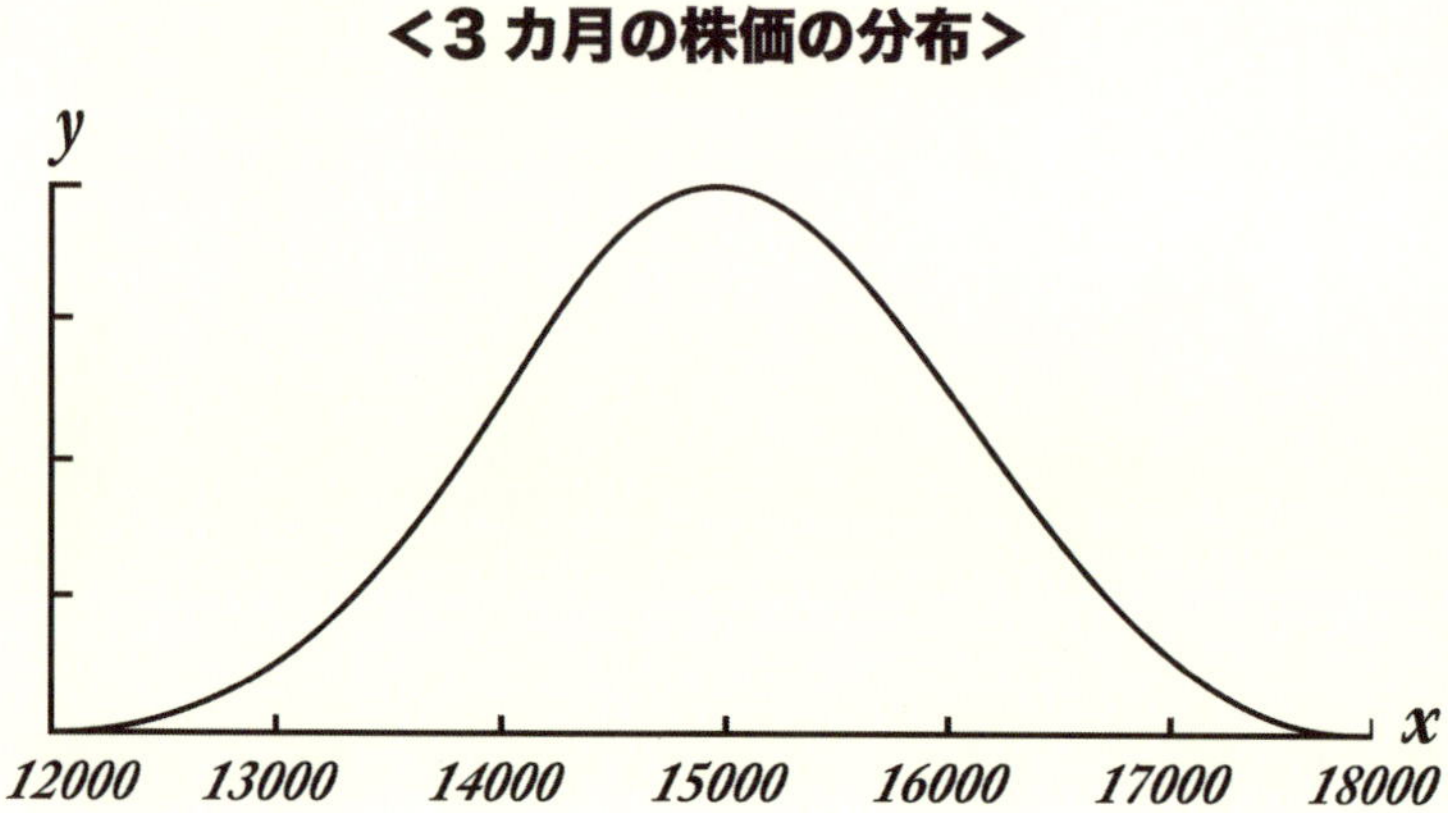

ことが分かります。

先に述べたように「相場の行方が分からない」ということを前提にしていますから、「相場の行方が分からないならどうすればよいだろう」「利益を得られる確率の高い方法はないだろうか」と考えるわけです。

そこで「では今後相場は、上でも下でも、どのくらいの幅（レンジ）で変動するのだろうか」ということを想定するのです。

図表1－4を見てください。分かりやすいように、この図の1標準偏差を1000円とします。

そうすると1万4000～1万6000円の間に68％の価格が入っていることになります。（実際の動きはこんなにキレイに分布しておらず、かなりいびつなものになります）

株式売買でも、このグラフを利用して確率の高い取引を行うことは可能です。1万4000円をサポートライン、1万6000円をレジスタンスラインと考えるわけです。オプション取引では次のように考えます。

今後3カ月の間で
●上がったとしても1万6000円を超えることはないだろう
●下がったとしても1万4000円以下になることはないだろう
と考えるのであるならば、その範囲内に収まる確率は68％である（1シグマ）あるいは95％（2シグマ）である

その前提で戦略を選ぶわけです。ここにさまざまな要因が絡んできます。オプションの場合は原市場の価格そのものではなく、その権利行使価格に対してのプレミアム（オプション価格）が存在します。このプレミアムの変動がどのくらいであるかを掴む必要があるのです。またこの変動要因としてオプション独自の概念であるボラティリティ（予想変動率）やタイム・ディケイなどが登場します。（これらについては後で詳しく説明します）

つまりオプション取引は、この確率統計論を前提にして、そこにプレミアム、限月、権利行使価格やボラティリティなどが加わって、さまざまな戦略・手法のバリエーションが生まれるわけです。

オプション取引で押さえるべきポイントは**オプションは確率・統計をベースにした取引である**ということなのです。

〈プロが教えるオプションの魅力〉

――いつでも成功の確率が高い手法が存在する――

オプションの前提は「相場の行方は誰にも分からない」ことでしたね。そこで確率が登場したわけです。

株式売買と違ってオプションはいつでも仕掛けができます。買い時とか売り時とか考える必要はないのです。さらに〝いつでも成功の確率が高い手法があります〟

〝1万6000円まではいかないだろうという予想が当たれば利益になる〟という手法は、株式売買ではありませんね。オプション取引の魅力の一つです。

2. ボラティリティ

ボラティリティというのは、オプションの基本の標準偏差の項で出てきましたが、これは〝変動率〟のことです。一応変動率と訳されていますが厳密には少しニュアンスは異なります。オプション取引を行っている人の中には〝ボラティリティは将来の相場変動を予想する指標である〟というふうに捉えている人がいますが、ボラティリティは指標ではありません。オプション価格を決定する上で最も重要な変数なのです。

数学的（統計学）に言うと〝原市場価格の日々の標準偏差の年率換算値〟と定義されるようです。

◆ボラティリティの重要性

この〝ボラティリティの概念〟はとても重要です。オプション取引の根幹をなす概念です。

〈ボラティリティとは〉

●オプション価格決定に影響を与える最も重要な変数

●オプション価格が割高か割安かを判断する材料

このボラティリティの水準や推移がオプション取引を行う上での最大のポイントとなるのです。

◆標準偏差のこと

では「変動率とは何か」と言うと、実は標準偏差のことです。この標準偏差が大きいかどうかが重要なのです。

標準偏差が大きいということは、期待度が大きいということになり、つまり〝変動幅が大きい＝変動率が大きい〟ことを意味しているわけです。

※ここで言うボラティリティとはインプライド・ボラティリティのことです（後述）。

変動率が高いと相場の変動幅が非常に大きくなるので、相場が読みづらくなります。反対に変動率が小さいと価格の変動幅が小さくなり、それだけリスクが小さいということになるのです。リスクが大きいか高いかというのは、つまりひと言で言えば「この標準偏差が大きいかどうか」、さらに言い換えると「変動率が大きいかどうか」を意味していることになります。

オプションはこれを基にしているのです。

標準偏差が大きい＝変動率が大きい　↓　リスクが大きい

標準偏差が小さい＝変動率が小さい　↓　リスクが小さい

ではこの標準偏差つまりボラティリティの大きさというのは何を表しているのかと言うと、「これから相場がどう変動するか」「大きく変動するのだろうか、あるいはそんなに変動しないのだろうか」という期待度を表しています。つまりオプションの価格には、期待度が反映されているわけです。

期待度の投げっこになります。そうすると「これから相場はどっちに行くのだろうか」という話ではなく、「相場が大きく変動するのだろうか、あるいはそんなに変動しないのだろうか」ということだけです。ここが重要です。

このオプション参加者の思惑がオプションの価格にすべて反映されるのです。

◆2つのボラティリティ

ボラティリティにはＨＶ（ヒストリカル・ボラティリティ）とＩＶ（インプライド・ボラティリティ）の２種類があります。

●ＨＶ（ヒストリカル・ボラティリティ）は実際に動いた統計的な数字になります。過去の原資産市場価格の平均変動率です。つまりこれまでの現実の姿です。

●ＩＶ（インプライド・ボラティリティ）は日本語では予想変動率と訳されています。予想変動率という言葉には多少ニュアンスの誤解が生じます。決して予想ではありません。その相場の参加者が「相場はこれからどうなるか」ということを考慮し、相場の状況に応じて値付けをしているわけですが、それを反映した変動率がＩＶ（インプライド・ボラティリティ）なのです。これはオプション価格を決定する際の、非常に重要な要素の一つです。

〈プロが教えるオプションの魅力〉

――人の思惑で動くから、ボラティリティは面白い――

〝ボラティリティなくしてオプション取引はない〟というほど大事な概念です。株式投資と同じルールなら、ボラティリティのような新しい概念は必要ありませんが、オプションはまったく別のゲームです。〝投資で利益を上げられなくても、オプション取引ではうまくいくかもしれない〟というのは、こういう新しい概念があるからです。

ボラティリティ（ＩＶ）は人間の心理が大きく影響します。だから面白いのです。だから思わぬ優位性が生まれたりするのです。

その優位性を知ったら、オプションの虜になりますよ。

図表 1-5　オプション価格

オプション価格 ＝ 本質的価値 ＋ 時間価値

◆タイム・ディケイ

オプションの価格は、本質的な価値と時間価値から成り立っています。何だかむずかしそうな言葉が登場しましたね。**図表１－５**をごらん下さい。

このように２本立てになっています。

◆本質的価値とは何か

本質的価値というのは、原資産価格と権利行使価格との差です。この価格の差がプラスであれば、本質的価値があることになります。

本質的価値がある状態がＩＴＭ（後述）です。

①コールの場合……現在の原資産価格－権利行使価格

②プットの場合……権利行使価格－現在の原資産価格

リスト１

＊コールの例

例えば現在の日経225が1万5000円のとき
権利行使価格1万4000円のコールは①に当てはめると
15000円－14000円＝1000円
この1000円が本質的価値です。つまりITMです。

リスト2

＊プットの例

例えば現在の日経225が1万5000円のとき
権利行使価格1万6000円のプットは②に当てはめると
16000円－15000円＝1000円
この1000円が本質的価値です。つまりITMです。

ちょっとややこしいですが、大事な部分です。

〈ＩＴＭ・ＯＴＭ・ＡＴＭ〉

次に時間価値について説明する前にＩＴＭ・ＯＴＭ・ＡＴＭについて説明しなければなりません。

●ＩＴＭ（イン・ザ・マネー）

権利行使価格が

＊コールでは、原市場の価格より権利行使価格のほうが低い

＊プットでは、原市場の価格より権利行使価格のほうが高い

（リスト1とリスト2参照）

●ＯＴＭ（アウト・オブ・ザ・マネー）

権利行使価格が

＊コールでは、原市場の価格より権利行使価格のほうが高い

＊プットでは、原市場の価格より権利行使価格のほうが低い

●ＡＴＭ（アット・ザ・マネー）

権利行使価格が、原市場の価格とまったく同じもの

図表 1-6　ITM・OTM・ATM

■ ITM、OTM、ATMの関係　　（日経225が15000円のとき）

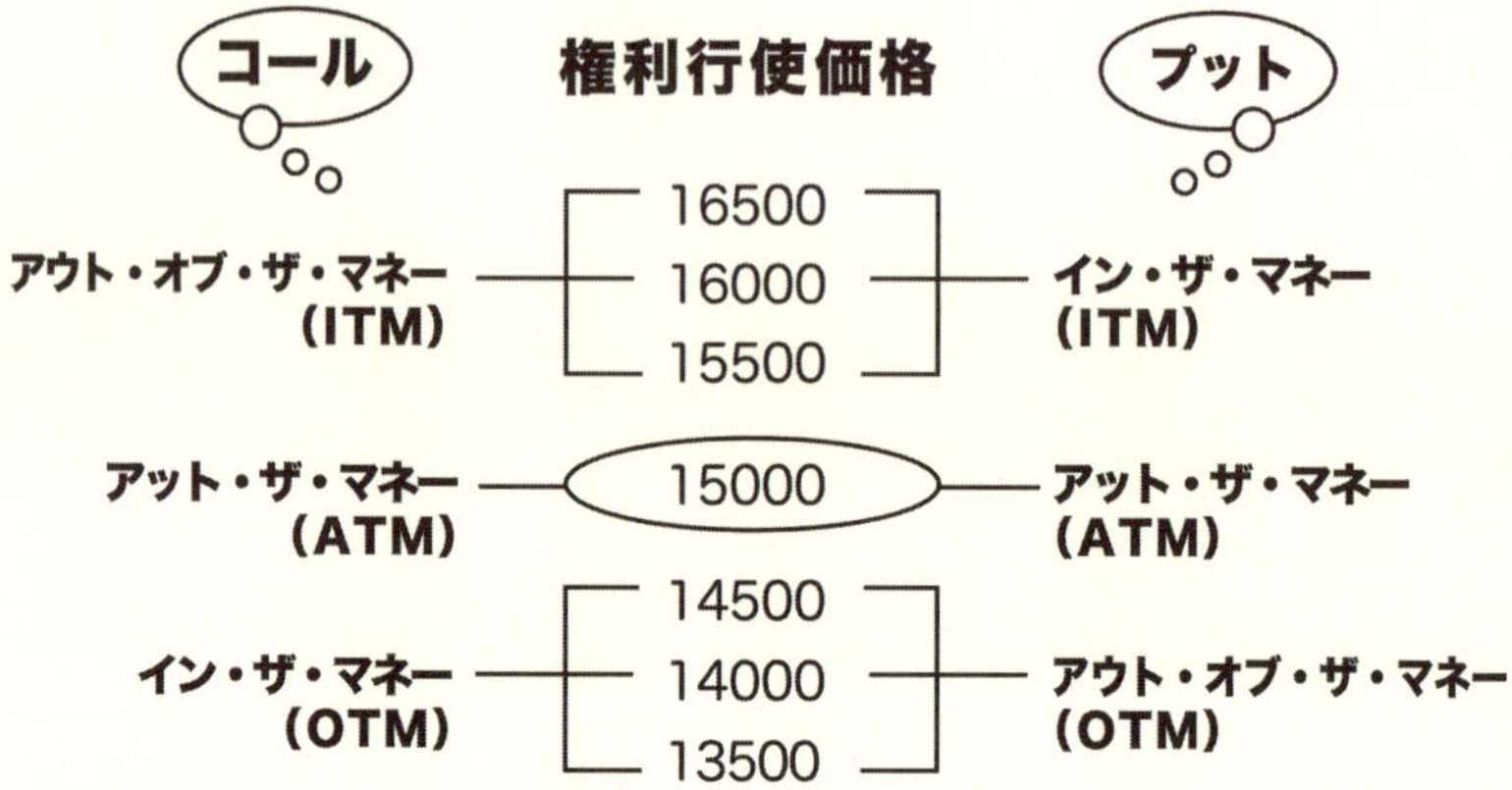

図表1－6を見てください。

原市場の価格と権利行使価格との関係になります。

この関係はとても重要ですので、しっかり覚えてください。

※ただ日経225では権利行使価格が500円刻みになっていますので原市場価格が15200円だった場合には、ATM（アット・ザ・マネー）ではなく“最も近接する権利行使価格”として15000円となります。

◆時間価値とは何か

時間価値というのは、オプション価格－本質的価値となります。

オプションの期日が近づくにつれて急激にゼロに近づくという特徴があります。

このように、時間の経過とともにオプションの価値

図表 1-7 タイム・ディケイ

が小さくなっていくことを、タイム・ディケイ（Time Decay）といいます。

図表１－７で確認してください。

オプションというのは、ＡＴＭ（アット・ザ・マネー）かＯＴＭ（アウト・オブ・ザ・マネー）であれば、オプションの価格はすべて時間価値になるのです。

またオプションには時間の制限、つまり期日（満期日）があります。そうすると期日までの間に、その権利行使価格まで相場が変動しなければ、そのオプションの価格はゼロになってしまうのです。

●期待とは予測不可能なものに対して抱くもの

もう少し時間価値について話しましょう。時間価値というのは、期待度を反映したものです。では期待度とは何でしょうか。

期待というのは予測不可能なものに対して抱くものです。決まっているもの、分かっているものに対しては、期待はしませんね。既にその数値あるいは量が分かっているのですから。それが多いとか高いとか低いとかの感想はもっても期待は生じないわけです。

よく「期待に胸をふくらます」と言いますが、その量が分からないので期待を大きくすることで胸をふくらます、という意味ですね。つまり量が不確定なのです。だから参加者の思惑によって、数値が動くわけです。

これがボラティリティの数値に反映されるのです。

●だからオプションは面白い

人の思惑で動くことから、実際より大きく離れた数値が出てくることがよくあります。この現象がオプション取引を面白くしている大きな理由の一つなのです。

そして期待度というものは最終日までの時間が長ければ長いほど、大きいのです。変化の可能性が高いからです。つまり最終日が近づくにつれて、変化の可能性が低くなりますから、だんだん予測可能になってきて、満期日にはその値は決定します。つまり時間価値はゼロとなるわけです。

ＡＴＭ（アット・ザ・マネー）とＯＴＭ（アウト・オブ・ザ・マネー）のオプション価格は時間価値だけでしたね。ですから期限内にその権利行使価格までの価格変動がなければ、オプションの価値がゼロになってしまうということなのです。

このタイム・ディケイという概念は、あらゆる金融商品の中でオプションにしかないものです。そしてこの概念を利用した魅力的な取引ができますので、ぜひとも理解してください。

コラム

〈時間価値の概念〉

時間価値を考えるとき債券を例にとると分かりやすいかもしれません。債券のデュレーション（償還までの期間）が長ければ長いほど利回りは高くなります。なぜでしょうか。逆に償還期間が短ければ短いほど利回りが低くなります。

つまり短いということは、その間に起きるだろうリスクが少ないということになります。長ければその間のリスクが大きくなります。リスクが大きいから購入してもらうために、高い金利をつけるわけです。

日経２２５に置き換えてみましょう。１カ月後の日経２２５の価格はある程度予想できますが、１年後の価格を予想するのはむずかしいですね。なぜでしょうか。その間に何があるかわからないからです。アメリカ経済が大きく減速するかもしれないですし、またどこかで戦争が起きたり、あるいは大きな災害が起きるかもしれません。

逆に日経225はかなり上昇している可能性もあります。2万円になっているかもしれません。もし1年後の日経225のオプションがあったなら、時間価値が大きいのでさぞ高いプレミアムがついているはずです。

このように時間が長くあるということは、さまざまなこと（相場の上げ下げ）が期待（予想）されるということなのです。しかし期日が近づいてくればその期待度（予想）も、予測可能になってきますから、時間価値（期待度）はどんどん下がり、期日当日には0となるわけです。

時間価値が0になるとOTM（アウト・オブ・ザ・マネー）とATM（アット・ザ・マネー）のオプションのプレミアムは0になってしまうのです。

どうでしょうか。時間価値の概念はわかりましたか。

〈よくわかる具体例〉

以下に具体例で説明しますが、これはひととおり基本部分を読み終えたあとで読んで確認してください。

〈ケース〉
２００５年11月における日経２２５の価格は　１万２５００円
日経２２５の２００５年の12月限
１万３５００円のコールが55円だった場合

現在の価格が１万２５００円ですから、この権利行使価格は１０００円高いことになりますね。つまりこれはＯＴＭ（アウト・オブ・ザ・マネー）ということになります。ＯＴＭですから、この55円というのはすべて時間価値となります。

なぜなら今権利行使をすることはできませんよね。現時点の価格は１万２５００円で、権利行使価格より低いのですから。それなのにプレミアムが55円です。つまりこれは時間価値になるわけです。

そして12月の期日に日経２２５が１万３５００円を超えなければ、この55円という価格はゼロつまり無価値になるということです。

◆レバレッジ性（てこの原理）

オプションは、１枚、２枚という数え方をしますが、倍数は１０００倍です。つまり１０００株を基にしています。

この具体例で1万３５００円のオプションを55円で1枚買うには、55×１０００＝５万５０００円が必要になります。（手数料を省く）

つまり5万５０００円あれば日経２２５に投資することができるということですね。このようにオプションは、少ないお金で参加することが可能なのです。

相場が12月の期日までにどうなるかはまったく予想がつきませんが、仮に期日に日経２２５が１万４０００円に上昇したとします。

すると５万５０００円を投資したあなたの利益はいくらになるでしょうか。

――50万円です。

このように、わずかな投資が大きな利益を生むとことをレバレッジ（てこの原理）と言います。大きな資金をもたない個人投資家には大きな魅力ですね。

3. なぜオプションを勧めるか

これまでお読みになって、「知らない用語がたくさんあるし、新しい概念とかも覚えなきゃならないし、オプションってけっこう面倒くさい気がする。なぜこんな面倒なことを勧めるの？」と思ってらっしゃる方がおられるでしょう。

「こんな複雑そうなことを覚えるより、やっぱり株式や先物をやっていたほうがいいや」とお思いの方もいらっしゃるでしょう。もちろん、それでもよいのです。

もし皆さんが将来の相場変動をうまく予測ができ、実際に利益を上げている、そして今後も利益を上げ続ける自信があるのであれば、何もオプションなど取引する必要はありません。わざわざ新しい概念を覚える必要はありません。

なぜオプションに興味をもたれたのでしょうか。株や先物でうまく利益があげられないからではありませんか。

方向性を当てることによって利益をあげる方法は、上昇相場では比較的簡単に利益を上げられるでしょうが、長い下落局面に入った場合には苦しくなります。

もちろん信用売りという方法がありますが、多くの個人投資家が株式において空売りを多用し

図表 1-8　原市場の動きに対する有効性

原市場の動き	株式	オプション
↗	○	○
→	×	○
↘	△	○

ているとは思いません。大半の方が上昇相場で利益を上げるという方法なのではないでしょうか。

新しい分野に入るには、たしかにかなりのエネルギーを要します。それでも、オプションに興味をもたれた方にはぜひオプションをお勧めしたいのです。

図表1－8を見てください。オプションがどのような状況でも有効であることが分かるでしょう。

◆オプションを勧める理由

〈その１〉
――相場は不確実である

その理由の一つは〝相場は不確実〟だからです。相場の行方はまったく誰にも分からないわけです。

オプションは、株式や先物にはないさまざまな機能や能力をもっています。相場が不確実であるという前提の下で、利益を得やすい戦略がたくさんあるのです。

それはオプションそのものが〝相場の行方は分からない〟という前提の下に生まれた金融商品だからです。

もちろん「オプションでは必ず儲かる」とか「絶対安全だ」とか言っているのではありません。リスク商品です。ただ利益になる確率が高い戦略がたくさんあるのです。

〈その２〉
――オプションには優位性がある

オプションには他のリスク商品にはない〝優位性〟があります。「優位性とは一体何なのか」と疑問に思いますね。

たとえば株式の相場では株が上がるか、下がるかしかないわけです。つまり上がって利益がでるか、下がって損失になるか、その確率は2分の1ですね。

でもオプション市場では勝つ確率が90%の場合もありますし、99パーセント近いものさえあるのです。

ただあくまでも数学上の話であって、90%あるいは99%利益になる確率が出ていたとしても、最後のわずか1%で大変な負けを被る可能性もあります。

ではこの90%あるいは99%利益の可能性がある、ということはどういうことなのでしょうか。

〈90%あるいは99%利益の確率〉

例えば、100メートル競走をします。競争相手は通常のスタートラインに立っています。当然ですが、これから100メートル走ります。一方自分はゴールの手前20メートルの位置にいます。

おかしな話ですね。100メートル走で、相手は100メートル走るのに、自分は20メートル走ればゴールです。どんなに走るのが得意でなくても、これなら90%いや99%勝てますよね。そんなことが可能なのでしょうか。ふつうでは考えられないですね。ルール違反ですね。

ところがオプションの世界ではこういう状態がかなりひんぱんに発生するのです。そこを狙えば勝てるどころか〝負けることがむずかしい〟ことになりますね。（第4章参照）

図表 1-9　オプションの優位性

プロが教えるオプションの魅力

――株価が上がろうが下がろうが関係ない――

オプションはどういう状況でも仕掛けられるほど手法がたくさんあります。何度も申し上げているように、株価が上がるとか下がるとか気にする必要はないのです。上げ下げよりも変動が大きいか小さいかに注目するのです。

◆オプションが誕生した背景

オプションは、本来はリスク回避（リスクヘッジ）の方法として誕生しました。ですからどのようなときにオプション取引を行うかと言うと以下のようなケースが有効となります。

例えば相場が不安定な状態のとき⇓プットを買う

図表 1-10　オプションの活用法（相場不安定時）

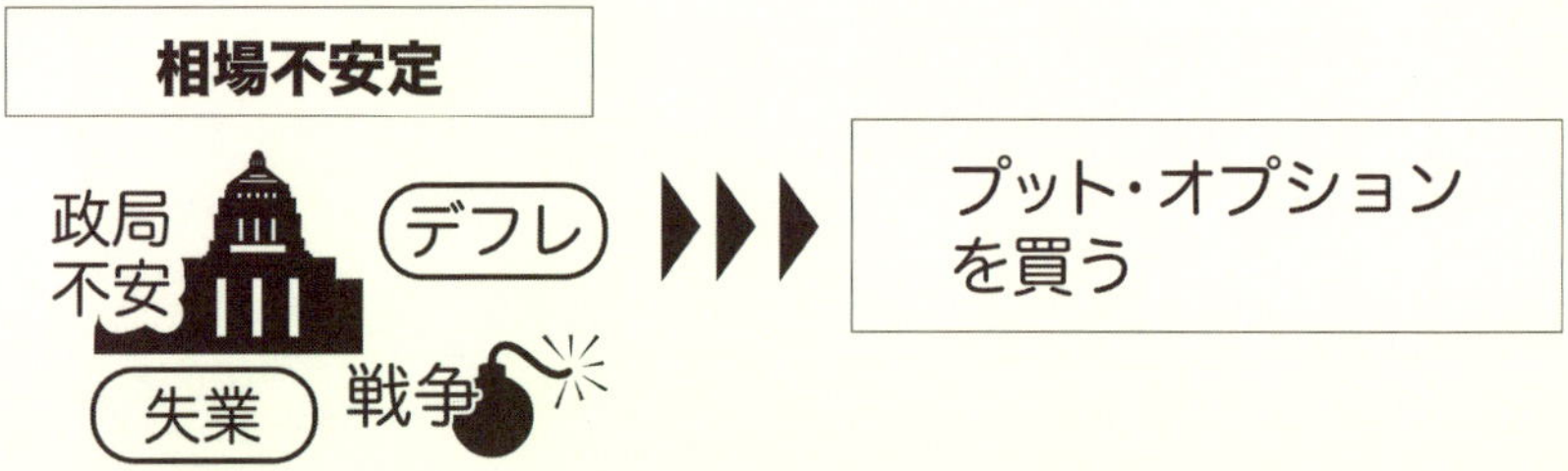

株の売買をしている投資家は、もっている株が下がってしまうと不安になります。そのときプットオプションを買えば、不安が的中して相場が下がったときに利益になりますね。もっている株の価値は下がってもオプションで利益が出ますので、損失を抑えることができるわけです。場合によっては利益すら得ることができます。

※プットオプション：株価や指数が下落すると予想

例えばインフレが起きそうな状態のとき
⇓コモディティのコールを買う

モノの価格が大きく上昇し続けているような状況では、コモディティ（金、穀物、原油等の商品）のコールオプションを買えば値上がりしますから利益がとれますね。

モノの値段が上がれば日常の生活も苦しくなりますが、コールオプションを購入することで利益が得られ、インフレに対するリスクヘッジができるわけです。

※コールオプション：株価や指数が上昇すると予想

図表 1-11　オプションの活用法（インフレ懸念時）

◆資産運用としてのオプション取引

このようにオプションはヘッジ（保険的）機能としての役割をもった金融商品なのですが、本書ではリスクヘッジを目的としたオプション取引だけではなく、オプション独自のさまざまな手法を使った〝資産運用〟をお勧めしたいと思います。

オプションには株式や先物にはないさまざまな手法があります。オプションを知らない方は「オプションなど複雑で分かりにくそうだし、きっとリスクも高くて怖い世界にちがいない。一般投資家が参加するような市場ではないのだ」と思われているでしょう。

たしかに知識が十分でなく戦略も定まらないままに取引をすれば、それはリスクの高い投資と言えます。厳密な言い方をするなら、これは〝投資〟ではなく〝投機（ギャンブル）〟と言わざるを得ません。投資におけるギャンブルについては後の項で述べていますので、何がギャンブルかについて考えてみてください。

図表 1-12　オプションは怖くない

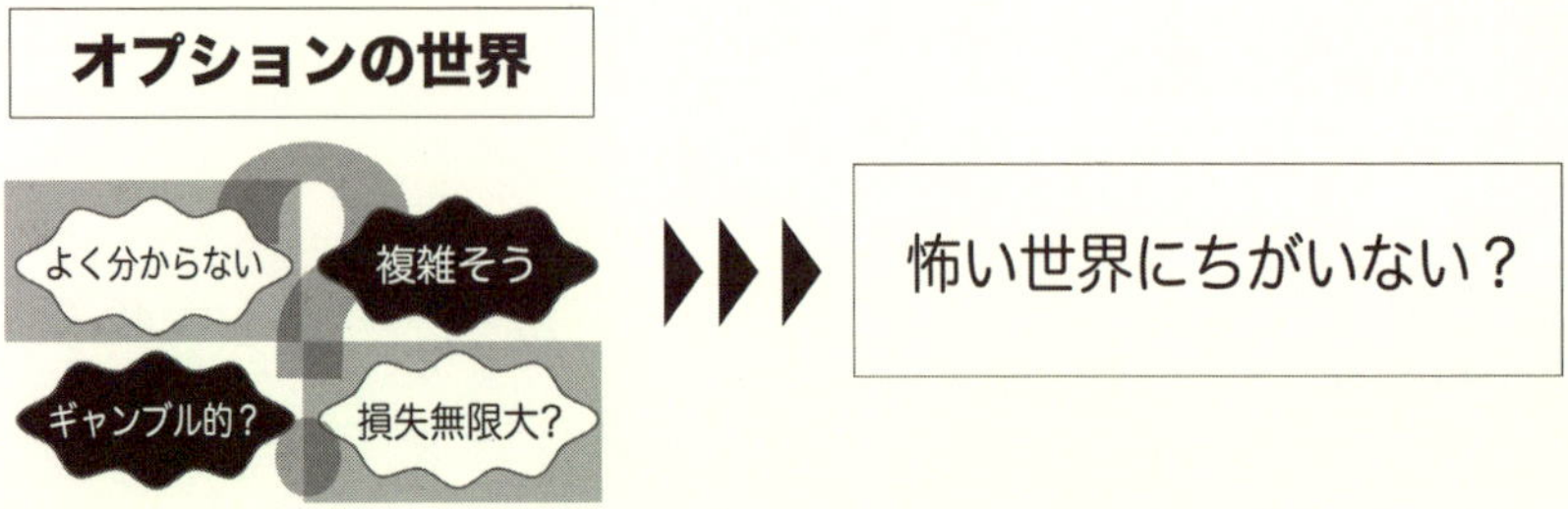
オプションの世界
よく分からない
複雑そう
ギャンブル的？
損失無限大？
怖い世界にちがいない？

◆誤解に満ちたオプション認識

実は世界に名だたる有名な投資家でも、オプションに対する誤解からくる偏見があります。その一人が『オニールの成長株発掘法』等の著書で知られる〝マーケットの魔術師〟ウィリアム・オニール氏です。その箇所を引用します。

「投資家のほとんどは、オプション売買に手を出すべきではないと私は考えている。オプションは極めて投機的であり、普通株に比べてリスクもボラティリティも高いからである。投資で成功するためにまず学ぶことは、投資リスクをいかに最小限に抑えるかということであり、リスクを増やすことではない」（同書225ページ）

また同書229～231ページの中でも

「投資ポジションの一部として、過大評価されていると彼らが考える銘柄の短期オプションを売るということを、重要ではない選択肢として考えてよいかもしれない」

「オプションで儲ける秘訣は、オプションとはあまり関係がないところにある。その秘訣とは、分析を行い、オプションの対象となる銘柄を適切に選択し、タイミングを間違えないことである」

と言っていますが、まったく見当外れと言っても過言ではありません。前者に関しては重要でないどころかそれが重要な戦略であり、後者に関しても〝オプションで儲ける秘訣〟は、オプションと密接に関係するところにあるのです。

これらの箇所を読むと「オニール氏ほどの投資家でも、オプションの特質、真髄を知らないのだ」と唖然とします。

「リスクを抑えることが重要である。だからこそオプションなのだ！」と言いたいのです。いや言うことができるのです。残念ですが、この偉大なる株式投資家のオプションについての知識と理解はきわめて稚拙であると言わざるを得ません。

これほど有名な投資家が公にコメントする際には、もう少し実践による知識を踏まえて発言してもらいたいものです。ウィリアム・オニール氏がオプションについて語ったことは、まるで将棋の棋士が囲碁の戦略について語っているようなものなのです。

〈オプションで利益を上げるには〉

●原市場の分析以上に〝オプション市場そのものの分析と取引戦略（ゲームのやり方）〟に精通することです。

●特に〝オプション価格決定のメカニズムと損益を生むメカニズム〟を理解することが大切なのです。

◆実は保守的なオプション取引

オプション取引戦略の中には、リスクを抑えた戦略、相場が上がっても下がっても勝つ戦略、相場が動かなくても利益をとれる戦略など、株式投資よりはるかに簡単に利益をとることができる戦略がたくさんあります。

皆さんは株式売買をされている方が圧倒的に多いと思いますが、十分な利益を上げていますか。どのような相場環境でも利益を上げておられるでしょうか。もし十分な利益を上げていたら、本書を手にすることはありませんでしたね。

多くの人が参加しているから株式投資が保守的で、参加者が少ないからオプションがリスキーかと言うとけっしてそうではありません。先に述べたようにオプションには株式投資よりずっとリスクの低い手法がたくさんあります。取引のやり方次第では、却って株式投資のほうがオプション取引より〝投機的〟でリスキーな気がするくらいです。

やり方によっては株式投資のほうが
オプション取引よりはるかに投機的、ギャンブル的である

◆オプションは株や先物とは根本的に異なるゲーム

株価が上がれば株を売買しているほとんどの投資家は儲かりますね。株価が下げると空売りをしている投資家は儲かります。でも空売りをしている投資家というのは少ないと思います。基本は買いにあるはずです。つまり下げ相場では損失を出す投資家が圧倒的に多いということです。では相場が膠着して動かない場合はどうでしょう。利益を出すことはむずかしいですね。

ではオプションではどうでしょうか。オプションでは株が上がるとか下がるとかには、あまり重きを置いていません。先ほどの**図表1-8**をもう一度見てください。重きを置くのは後で説明するボラティリティと呼ばれる〝変動率〟です。

株価が下落を続ければ、株式売買だけを行っている個人投資家は参加意欲を喪失し、場合によっては相場から離れていく人もいます。がオプション取引では株価が下げ続けようが関係ありません。いつでも利益を得るチャンスがあるからです。

どうですか。ここまでお読みになってオプション取引に興味をもたれたでしょうか。このオプションの「ゲームのルール」「ゲームのやり方」を修得できれば、まちがいなくあなたはオプションの虜になってしまうでしょう。

第2章

オプション売買の基礎知識

◆オプションを説明するにあたって

オプション取引は株式などとはまったく別のゲームですから、当然必要な知識が異なってきます。初めて聞く言葉などもあるでしょう。でも覚えてしまえば簡単です。

ここでは簡単基礎知識として以下の3つを説明します。

1. オプション売買とは?
2. オプション価格（プレミアム）
3. ボラティリティの性質

1．オプション売買とは？

「オプション」という言葉は、英語のOptionという言葉から来ており、「選択・権利」という意味です。

つまり「オプション取引」とは「権利を取引する」「権利を買う、または売る」という意味になります。

では、いったいどんな権利を取引するのでしょうか。

オプション取引＝オプションという権利の売買

〈オプションという権利〉
予め決められた数量の原資産を、予め決められた期日（限月）までに、予め決められた価格（権利行使価格）で買う、または売る権利のこと

これを読んだだけでは、よく分かりませんね。まず言葉の説明をしましょう。

◆オプション売買用語

●原資産

オプションの基になる市場のことです。

株式指数――――日経225、S&P500、ナスダック
株式個別銘柄――ヤフー、アマゾンドットコム等
商品相場――――コーヒー、大豆、砂糖等
エネルギー――――原油、天然ガス等
債券――――――Tボンド、Tノート等
通貨――――――――日本円、ユーロ等

●限月

あらかじめ決められた期日、期限（満期日）のこと

●権利行使価格

あらかじめ決められた価格のこと。ストライク・プライスとも言う

●買う

原資産を買う権利のこと。単にコール・オプションあるいはコールと言う

●売る
原資産を売る権利のこと。単にプット・オプションあるいはプットと言う
●プレミアム
オプションが取引される価格のこと
●ボラティリティ
変動率のこと
HV（ヒストリカル・ボラティリティ）とIV（インプライド・ボラティリティ）がある

◆オプションのタイプ

アメリカンタイプと、ヨーロピアンタイプがある
●アメリカンタイプは、期限までにいつでも権利行使をすることができる
●ヨーロピアンタイプは、期日である最終日だけ権利行使をすることができる
ちなみに日経２２５の場合は、オプション取引最終日の翌日にSQつまりスペシャル・クォーテーションと言って、特別清算指数で自動権利行使されます。

◆コールとプットの売買の意味

＊原資産を買う権利をコール
＊原資産を売る権利をプット

コールとプットの意味は分かりましたね。オプション売買はこのコールとプットを売買するわけです。

このとき金銭の流れはどうなるのでしょうか。

コールでもプットでも
買う場合……プレミアム（オプション価格）を支払う
売る場合……プレミアム（オプション価格）を受け取る

厳密には買う人と売る人の間に取引所や証券会社が介入しますが、簡単に〝オプションを買うときはその代金を支払い、売るときは代金を受け取る〟と覚えてください。

初めてオプション取引をする方は、この権利売買の概念が分かりにくいと思いますので、整理してみましょう。

リスト１

1. コールを買う……原市場が上昇すると予想する
2. コールを売る……原市場が上昇しないと予想する
3. プットを買う……原市場が下落すると予想する
4. プットを売る……原市場が下落しないと予想する

ではこの１～４の行為に同じものはあるでしょうか？

株式売買を経験している側から発想すると、１と４が同じ、２と３が同じ行為ではないか、と思われますね。違います。

ここがオプションの大きな特徴ですから、しっかりと覚えてください。この４つの行為はそれぞれ異なるのです。

ではオプション的に４つの取引の意味するところを説明します。

●日経２２５の例で、どういう予想で取引するのか見てみましょう。

リスト２

現在の日経２２５　１万６０００円

１６５００円のコールを買う……日経２２５は１万６５００円以上に上がる
１６５００円のコールを売る……日経２２５は１万６５００円以上にはならない
１５５００円のプットを買う……日経２２５は１万５５００円以下に下落する
１５５００円のプットを売る……日経２２５は１万５５００円以下にはならない

どうですか。違いが分かるでしょうか。

◆利益が出る分岐点

では利益が出る分岐点を考えてみましょう。これはオプション独自のものです。先にあげたリスト１をもう一度見てください。

相場が上がると予想するならコールを買いますね。買うときには権利行使価格を選びます。それ以上に上がると予想して買うわけです。

リスト２を参照してください。

では１６５００円のコールを買った場合日経２２５が１６５００円を超えれば利益が得られるのでしょうか。ここはポイントです。

〈分岐点〉

1. １６５００円のコールを買う場合⇒１６５００円＋支払いプレミアム以上になれば利益
2. １６５００円のコールを売る場合⇒１６５００円＋受け取りプレミアム以上にならなければ利益
3. １５５００円のプットを買う場合⇒１５５００円－支払いプレミアム以下であれば利益
4. １５５００円のプットを売る場合⇒１５５００円－受け取りプレミアム以下にならなければ利益

●これを図に表してみましょう。

図表 2-1〈ケース 1〉コール買いの損益図

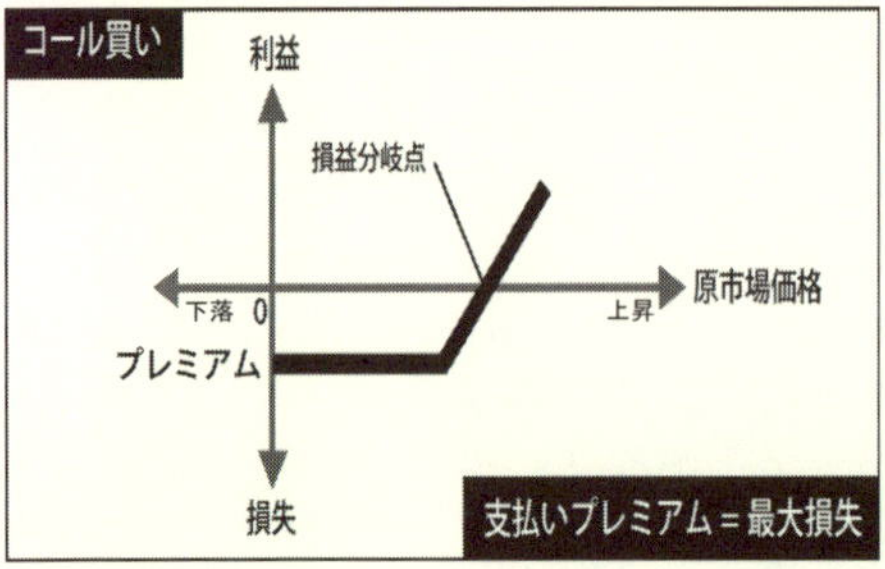

図表 2-2〈ケース 2〉コール売りの損益図

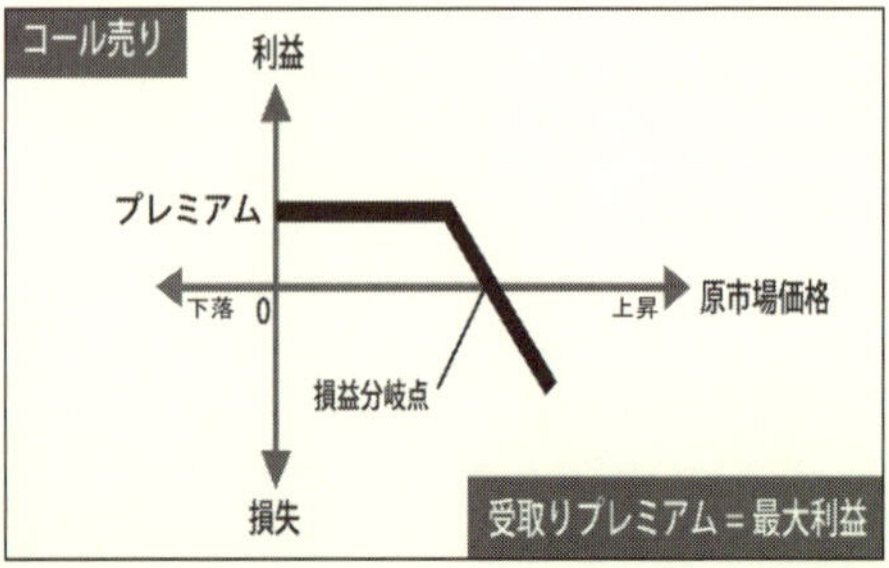

図表 2-3〈ケース 3〉プット買いの損益図

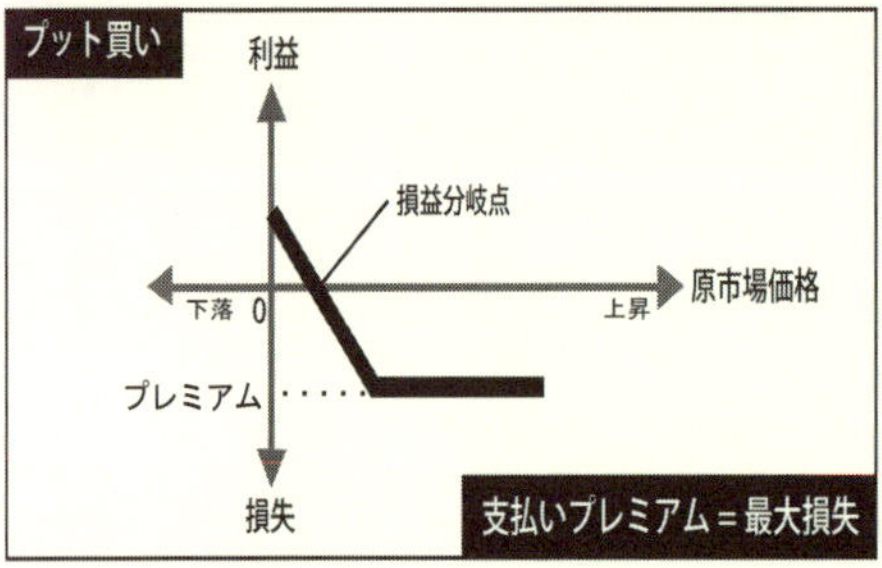

図表 2-4〈ケース 4〉プット売りの損益図

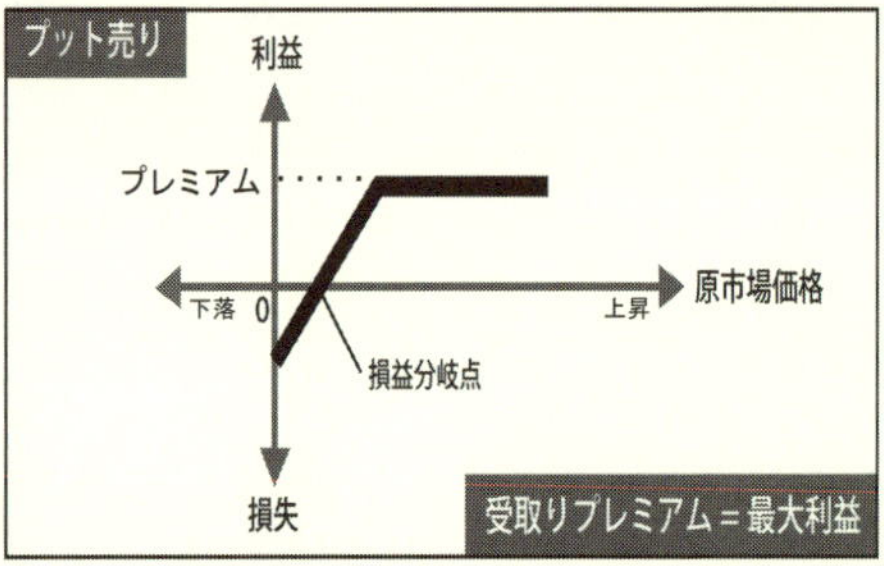

2と4のケースはオプション独自のものです。

株式売買では買うか売るしかありませんね。しかしオプションでは基本に4つの方法があり、それらをさらに組み合わせることができるのです。また選ぶ限月や権利行使価格によっても異なってきますから、組み合わせはさらに多くなりますね。

それぞれの手法によってリスク度は異なります。ですから自分のリスク許容度に合わせた手法が選べるのです。

2. オプション価格（プレミアム）

プレミアムという言葉は、皆さんもお聞きになったことがあるのではないでしょうか。生命保険や自動車保険、地震保険などの保険料のことをプレミアムと言います。この保険料の概念がオプションに非常に近いのです。ですからオプション価格というのは、保険料とまったく同じだと覚えておくと分かりやすいと思います。

ではこのオプション価格（プレミアム）はどのように決まるのでしょうか。以下のことは詳しく覚える必要はありませんが、動く要因は頭の片隅に置いておいてください。

◆価格の決定要因

決定要因を導き出すむずかしい数式があります。この数式でノーベル賞をとったマイロン・ショールズ氏とフィッシャー・ブラック氏（ブラック氏は残念ながら死亡した為ノーベル賞を受賞できなかった）にちなんで〝ブラック&ショールズ式〟と呼ばれていますが、詳細を提示しても意味がないので、内容を説明していきましょう。

数式は簡素化すると

オプション価格＝F（X）となり、Fは関数という意味です。

〈Xに入る要素〉
原市場の価格、権利行使価格、残存期間、ボラティィリティ、金利等

これから取引を行っていく上で、何に注目するかということですね。オプション価格の動きは以下の要因で異なるのです。

＊原市場の価格（日経225なら日々の価格）
＊権利行使価格の違い
＊残存期間（限月の違い）
＊ボラティィリティ（ＩＶ）の水準（後述）

そのほか金利や配当などは基本的に一定しているので、オプション価格に大きな影響は与えません。

〈決定要因〉
1. 原市場の価格
2. 権利行使価格
3. 残存期間
4. ボラティリティ

●一つずつ簡単に説明します。

1. 原市場の価格

例えば日経２２５が上昇すれば、買う権利であるコールの価格は上がりますね。そして売る権利であるプットの価格は下がります。

逆に日経２２５が下落すれば、コールの価格は下がり、プットの価格は上がります。

2. 権利行使価格

権利行使価格の違いによっても価格は変動します。これには日々の原市場価格が関係してきます。

3. 残存日数

これはコール、プットともに日数が経過すれば価格は下がります。

図表 2-5　価格決定要因の動き

		コールの動き	プットの動き
原市場の動き	上昇	↗	↘
	下落	↘	↗
残存日数	経過	↘	↘
IV(予想変動率)の動き	上昇	↗	↗
	下降	↘	↘

4. ボラティリティ

コール、プットともにＩＶ（予想変動率）が上昇すると価格は上がり、ＩＶ（予想変動率）が下がると、ともに価格は下がります。

価格決定要因の相関関係を表にあらわすと**図表２－５**のようになります。

3．ボラティリティ（変動率）の活用法

第1章ではボラティリティの概念を述べました。この章では、ボラティリティにはどんな性質があり、それをどのように使うかという実践面での説明をしていきましょう。

ボラティリティには

＊ＨＶ（ヒストリカル・ボラティリティ）
＊ＩＶ（インプライド・ボラティリティ）

の2つがあると説明しましたね。

オプション取引で重要なのはＩＶ（インプライド・ボラティリティ）です。ＩＶは予想変動率と言われていますが、予想される指標ではないことをもう一度認識してください。

ボラティリティは「原市場価格の上下いずれかの方向への変動性向」と定義されています。数学（統計学）的にいうと、「原市場価格の日々の標準偏差の年率換算値」と定義されるようです。

例えばボラティリティ20％というのはどういう意味になるでしょう。

〈ボラティリティ20％の意味〉

原市場価格は今後1年間で、約68％以上の確率で、上下20％の範囲内で変動する

●では具体的に例を挙げてみましょう。

リスト3

〈具体例〉
A社の株価　　　　　500円
ボラティリティ　　　20％の場合
このA社の株価は、約68％以上の確率で
向こう1年間400円から600円の範囲内で変動する可能性がある

ということなのです。
ボラティリティが20％ですから500円の株価では100円ですね。上下100円は200円です。つまり400〜600円の範囲となるわけです。

◆ボラティリティの何を見るか

1. 現在の水準
2. これまでの推移
3. 今後の変動を大ざっぱに予測

この3つを見ます。1と2は簡単に分かりますね。では3はどうでしょうか。今後の変動ですが、これは相場の変動を予想するより簡単です。しかしそれにはボラティリティの性質、特徴を知っておく必要があります。

◆ボラティリティ変動の特徴

ボラティリティの動きには以下のような特徴があります。これらを踏まえて今後の動きを予測し、取引に臨むことが大事です。

①ボラティリティはトレンドや一定のレンジを形成する

相場と同じようにボラティリティもトレンドを形成し、ある一定のレンジ内で上昇下降を繰り返しています。

②銘柄（市場）によって周期性（季節性）がある

穀物相場の場合、一般的に需要の多い春に価格が上昇し、収穫期の秋には価格が下がる傾向があります。同様に穀物のボラティリティにも、一般的に夏に向かって上昇し、夏を過ぎると下降するという季節性があります。この季節性のことをアノマリー（後述）と呼んでいますが、大事な概念ですので覚えておくと役に立つでしょう。

③銘柄（市場）によって異なる

ボラティリティの数字はそれぞれ異なります。つまり穀物では高くても債券市場は低かったりします。

④限月によって異なる

特に穀物、非鉄、原油市場で顕著に見られます。相場（原市場価格）が急変動するとき、期近限月のコール（プット）が買われるために、限月間のボラティリティの乖離が生じるのです。

⑤権利行使価格によって異なる

２００６年１月４日時点の日経２２５（大証）２月限のコールのボラティリティは以下のとおりでした。

１７０コール20.42%、１７５コール 20.90%

１８０コール21.58%、１８５コール 22.13%

これは相場（原市場価格、この例の場合は日経225）の急上昇により、ＯＴＭのコールに「買い」が集中したためです。

こうした現象はこの例に限らず、さまざまな市場で見られます。これをポジティブ・スキューといいます。

簡単に言えば参加者の心理状態でさまざまなねじれ現象が生まれるのです。

⑥コールとプットで異なる

同銘柄（市場）の同じＡＴＭ、あるいはＡＴＭから同じ距離（価格）だけ離れたＯＴＭのコールとプットのボラティリティは、しばしば大きく異なります。プットに対してコールが割高か割安の状態にある場合が多く見られるのです。特に日経225やＳ＆Ｐ500のような株価指数では、コールに対してプットが割高であるケースが見られます。これは機関投資家がリスクヘッジの目的でプットを大量に購入しているからだと言われています。

⑦下降時は緩やか、上昇ではときどき急激なケースがある

通常は緩やかに上下します。ボラティリティの低下時は緩やかな下降傾向を示し、次第に横ばい状態になります。一方上昇時には、時々急激に上昇することがあります。ボラティリティが一夜にして数倍も上昇したケースとしては、1987年の米国株式市場暴落時のＳ＆Ｐ500、1990年の湾岸戦争時の原油市場や金市場などがあります。

⑧1日の取引時間帯に大きく変動することがある

ボラティリティは、毎日のオプション価格の終値をもとに算出されます。しかし相場（原市場価格）の変動にともなってオプション価格も変動するため、ボラティリティは日中に大きく変動（あるべき数字から大きく乖離）することがあります。私は「デイトレード」はおすすめしませんが、日中にオプションを売買する投資家には、利益を得られるチャンスが巡ってくることがしばしばあります。

プロが教えるオプションの魅力

――覚えることが多い？――

オプション取引を行うには「覚えることがたくさんあって頭が痛い」と思われていませんか？しかし株式投資に比べれば、押さえるポイントは限られていますから、最初の関門を通り抜けるだけです。オプション取引に的を絞るようになると、株式売買がいかに大変だったか思い知らされます。

まず銘柄の多さ、株価変動要因が銘柄ごとに異なる（四半期ごとの財務状況）、今後の株価の動向、市場全体のトレンド、為替要因、米国市場の動向などなど。日々変化していますから、チェックが必要ですね。

本当に株式投資だけで利益を上げ続けようと思ったら、それらについて常に注意しなければなりません。

オプション取引では見るべき点をしっかりと見ていればよいのです。

第3章

成功するために必要な能力

1. 数字を読む能力

◆数字の扱い方を知る

相場と向き合っていく上で〝数字〟はもっとも大事な要素です。あらゆる価格も利益も損失もすべて数字で表されます。

特にオプションは〝数字を扱うゲームである〟と言い切ることさえできます。つまり数字の扱い方を知ることが相場で勝つための必要条件となるのです。刻一刻と変化していく数字の動きを掴むことによって、今後の相場の展開を読みます。そして現在のポジションをどのように調整すれば、利益になるか等を判断するのです。

◆数字の動きとは

では数字をつなげていくと、その先に何があるでしょうか。

●トレンドを形成中なのか

●トレンドが転換しているのか
●レンジ相場なのか
●インプライド・ボラティリティ（予想変動率）が急上昇したとき今後の市場はどう動くか
●または急激に減少したとき、今後の市場はどのように変動する可能性があるのか

このように数字の変化を追うことによって分かってくるものがあります。さらに個々のもつ次の要素が加わることによって、今後の展開がより鮮明になってきます。

●観察すればするほど、さまざまなものが見えてきます
●経験があればあるほど視野が広まり、より多くの要素が見えてきます
●数字に強ければ強いほど、より精度の高い情報を掴むことができます
●そしてどれだけの情報を掴めるかによって勝つ確率も違ってきます

◆勝敗の分かれ目

このように相場の世界では、どれだけ数字に強いかが勝敗の分かれ目になるのです。この数字のつながりが意味することを顕著に記した本があります。少々長いですが説得力のある面白い内

容ですのでぜひ参考にしてください。

ハロルド・ジェニーンの「プロフェッショナル・マネジャー」(200~201ページ)

「数字はシンボルである。それは言葉によく似ていて、ひとりでは固有の単純な意味をもつだけだが、関係のあるほかの数字と対照したりつなげたりされると、はるかに複雑で意味深長なものとなる。子供はまずアルファベットを、次に字をつなげて語を、語をつないで文を作ることを学び、やがてものを読んだり書いたりして、言葉の真の意味はしばしば行間にあることを知るまでに成長する。

〝Cat〟という言葉は子供には子猫を、猫を飼っている人にはシャム猫やペルシャ猫を、ハンターには虎を意味する。また、「テーブルの上の籠に、リンゴが5個ある」と言ったら、どういうことがわかるだろう?それは文字通り、籠の中にリンゴが5個あるというだけのことだ。しかし前に6個あったということを知っている人間には、それはだれかが1個失敬するか食べるかしたのだということを意味する。

ビジネスの世界では、数字は個々の企業の集合のさまざまな活動を計測するのに役立つシンボルである。全部の数字を足して引くと、損益計算書の〝ボトムライン(総計数字)〟が出る。それは〝Cat〟という言葉を綴るような、単純なことだ。

家計の切り盛りといった程度のことには、そうした基礎算術だけで十分だろう。――今年は使ったお金よりたくさん収入があったか？と。それはそれで結構なことだ。

だが、もし自分の会社が３００万ドルの利益を上げたら、それはよいことか、あまりよくないことか？それはその３００万ドルのほかとの関係によって異なる。前年の収益は２００万ドルだったのか、それとも４００万ドルだったのか？また４００万ドルの売上げに対して３００万ドルの利益を上げたのか、それとも4億ドルの売上げに対してか？

数字の意味は、言葉のそれと同様、相互の関係においてはじめて理解される。垂直的であれ水平的であれ、一連の数字を読むとき、私は自動的にそれらを意味のあるパーセンテージの対比に翻訳する。例えば5億ドルの売上高が５０００万ドル減少すれば、10パーセント減少したことを私は知る。もしほかの事業部の50万ドルの売上高が10万ドル減少すれば、20パーセントの減少だと私の頭脳の目は私に告げる。そしてその事業部の失った金額は最初の金額より小さいが、私の頭の中では、その事業部は売上高が５０００万ドル減った事業部より深刻な問題を抱えているのではないかという推測が即座に働く。実際には、そうした数字はもっとずっと多くのことを私に告げる。そしてそうした数字の背後に分け入り、何が起こっているのか調べるように私を促す」

◆数字の背後を読む

ちょっと引用が長くなりましたが、面白いですね。きわめて基本的なことを述べているのですが、皆さんはそれらをきちんと捉えていますか。ただ表に出た数字の大きさだけを見たりしてはいませんか。相場で勝つ人はそれを見逃しません。いいえ見逃さないのではなく、それを掴まえるのです。

「相場で勝てない」と嘆いている人にかぎって、それらをあまりにも簡単に見過ごしているのではないでしょうか。

目の前にある数字だけを見ても何の意味もないのです。「5000万ドル減少した事業部のほうが、50万ドル減少した事業部よりたくさん減少している」などと数字の大きさだけで見ていては何の役にも立たないどころか、痛手を負うことになるのです。

数字がもっているストーリー（背後）を読むのです。そうして数字を読む能力を身につけられれば、それは相場でたたかっていく上で大きな武器となります。

〈数字を読む能力とは〉
●数字の変動を読み取る
●数字の背後にある意味を掴まえる

2. チャートを読む能力

◆チャートの誤解

株式投資を行う上でチャートの存在は欠かせないものですし、チャートによるテクニカル分析は、多くの人に支持されています。しかし果たしてチャートによるテクニカル分析は、それほど有効なものでしょうか。

チャートの基になっているのは株価や先物価格の数字の並びです。その並びを一目で分かりやすくしたものがチャートですね。つまり数字の並びの別の表現法と言えるわけです。

これまで私は投資を学んでいく上で多くの先人の知恵を借りてきました。その一人であるジェシー・リバモアのやり方には大変共感した部分があります。彼の株式売買における特徴は、相場の動きを株価という数字の変化のみで追い、相場の強弱を判断し、売りまたは買いを仕掛けるのです。つまり〝デジタル派〟なのです。

私自身もチャートという図を使って取引をするのではなく、数字の動きを追って仕掛けます。私がこれまでの拙著で、場帳を掲載し一貫して〝その数字の変化を追うことの重要性〟を強調してきたことからも分かると思います。

私は相場ではチャートを重視しません。つまり一般的に思われているほどチャートは重要ではない、と考えているのです。もちろん不要だと言っているわけではありません。その使い方なのです。盲目的にチャートを信じすぎると思わぬ災難に遭ってしまいます。チャートはあくまで二義的なものとして使います。

私と同様の考えを語っている書があります。『ゲイリー・スミスの短期売買入門』（パンローリング刊）の53ページから56ページ部分です。

「私は過去19年間チャート分析を行ってきたが、それはまったく無駄な行為だった。チャートは私にとって何の役にも立たなかった。チャートは過去の説明には役立ったが、将来の予測には無力だった……。チャートを一切見ないことにしたら、私はもっとうまくいっていただろう。したがって１９８５年春にチャートを投げ捨てて、もう二度と見まいと決心したのはそれほど難しいことではなかった……。いくつかの研究によれば、チャートパターンの98％は、紙上に描かれたランダムでねじれた曲線にすぎないそうだ……。

『チャート上でよく見えることのほとんどは――そう、ざっと98％は実際には役に立たない』……。１９８５年よりずっと以前に、チャート分析の過ちに気づくべきだった。商品先物取引のブローカーをしていたとき、私は何百人というトレーダーの浮き沈みを見てきた。最終的に誰一人として儲けたトレーダーはいなかった。

これは1977年10月1日号のフォーブス誌に掲載されたスタンレー・クロールの経験にそっくりだ。クロールは、自分が先物ブローカー、商品先物取引のマネジャー、商品先物のスペシャリスト、さまざまな商品先物取引所の会員として働いた13年間のうちで、先物取引で成功した個人トレーダーにお目にかかったことがないと語っている。

クロールの客がどうだったか知らないが、私の働いていた商品先物取引会社の客はすべて共通項を持っていた。それは、チャートの催眠術にかかっていたことだった……。チャート上で実際的な意味があるのは、価格が上がっているか、下がっているか、持ち合いかということだが、こんなパターンを見るためならチャートは必要ない」

●チャートの催眠術

この中では「チャートの催眠術」という言葉を使っています。先ほど〝チャートは数字の並びの1つの表現法である〟と申し上げましたが、〝表現法によっては、錯覚や錯誤を誘発しやすい〟という考え方があります。どういうことかと言いますと、

〝チャートを見ることによって将来の価格変動を的確に予測できると錯覚してしまう〟

ということを意味しているのだと思います。

それは予測できるのではなく、期待してしまうのです。そういう傾向が強いのです。

「これだけ下げたのだから、そろそろ反発するだろう」「この形になれば以前も反転したから買い時だろう」等々。どうでしょうか。思い当たるフシはありませんか。しかしこれは期待であり憶測でしかありませんね。ここには明確な確率は存在しません。

チャートは数字の変化を図に表しただけです。数学の世界では、表をグラフ化したり、数の並びや数式を図に表したりする作業がありますが、チャートも同じです。なぜこのような作業を行うのかというと「わかりやすくする」ためです。

このように考えてくるとチャートの最大の欠点は〝これから先の数字の変化を予測しているかのように見せてしまうこと〟と言えるかもしれません。特に自分がポジションを持っている場合に、チャートに希望的観測を抱いてしまいがちのようです。チャートは単に事実としての数字の変化をX軸とY軸の二次関数グラフで表したにすぎないことを認識してください。

だからと言って「チャートをまったく使うな」と言っているわけではありません。チャートも使い方次第では大切な分析ツールの一つです。ただ引用でも言っているように単に上げ下げを見る程度なら、却って使わないほうが痛手を被る確率が低くなるということです。

使うのであればチャートの威力をもっとも発揮するポイントを、あらかじめはっきりさせておくことです。

図表 3-1　シカゴ大豆先物日足

◆チャートのもつ能力を最大限に生かす

私自身、チャートをまったく見ないということはありませんが、場帖に比べてチャートの重要度は非常に低いと言えます。

私はチャートがもつ能力を最大限に生かす意味で、以下の３つに重点をおいて利用しています。

リスト1

1. トレンドを確認する
2. 直近の高値と安値を確認し、売買の目安にする
3. 各市場の状況を掴む

〈トレンドを確認する〉〈直近の高値と安値を確認する〉

ではリスト１のポイントをどのように確認し次のアクションを考えるかについて具体例で説明しましょう。

〈具体例〉

図表3―1は2003年12月から2004年8月にかけてのシカゴ大豆先物2004年8月限の価格の動きを表したものです。

このチャートから読み取れる情報は以下のとおりです。

＊先物価格の天井（ピーク）――3月
＊天井の価格――――880セントを超えたところ
＊これ以降の動き――――右肩下がりに推移
＊ときどき価格の戻しが見られるものの前の高値を抜くことなく、次第に価格水準を下げている

つまりこのトレンドは下向き（下降トレンド）ということになりますね。次に直近の価格の動きを見てみましょう。

＊最安値の時期――8月
＊最安値価格――560セント
＊その後の動き――その水準から少し価格が戻っている

もし560セントを底として戻っているならば、価格はどこを目安に進んでいるのでしょうか。

これがチャートを見るポイントの一つです。

リスト1の1と2を確認することは、次のアクションのための大事な目安となるわけです。

●チャートのポイントをトレードに結びつける

さあ目安はどのあたりになるでしょうか。前回7月にいったん最安値をつけて一度は戻りかけたところ、すなわち620セントあたりが目安になるのではないでしょうか。さらにその水準を上抜けた場合の目安はどこか。チャート上は660～680セントあたりかもしれません。逆にそれらの目安となる価格水準まで戻らなければ、元のトレンド通り「相場は下げ続けるだろう」と推測します。

＊今後の目安――――620セント
＊それを抜けたら――――660～680セント
＊その価格水準まで戻らなければ下げトレンドが続く

これを読んで皆さんはどう思われますか。「チャートで今後の動きを期待してはいけない、と言っておきながら予測しているではないか」と思われていませんか。

図表 3-2　シカゴ大豆先物５分足

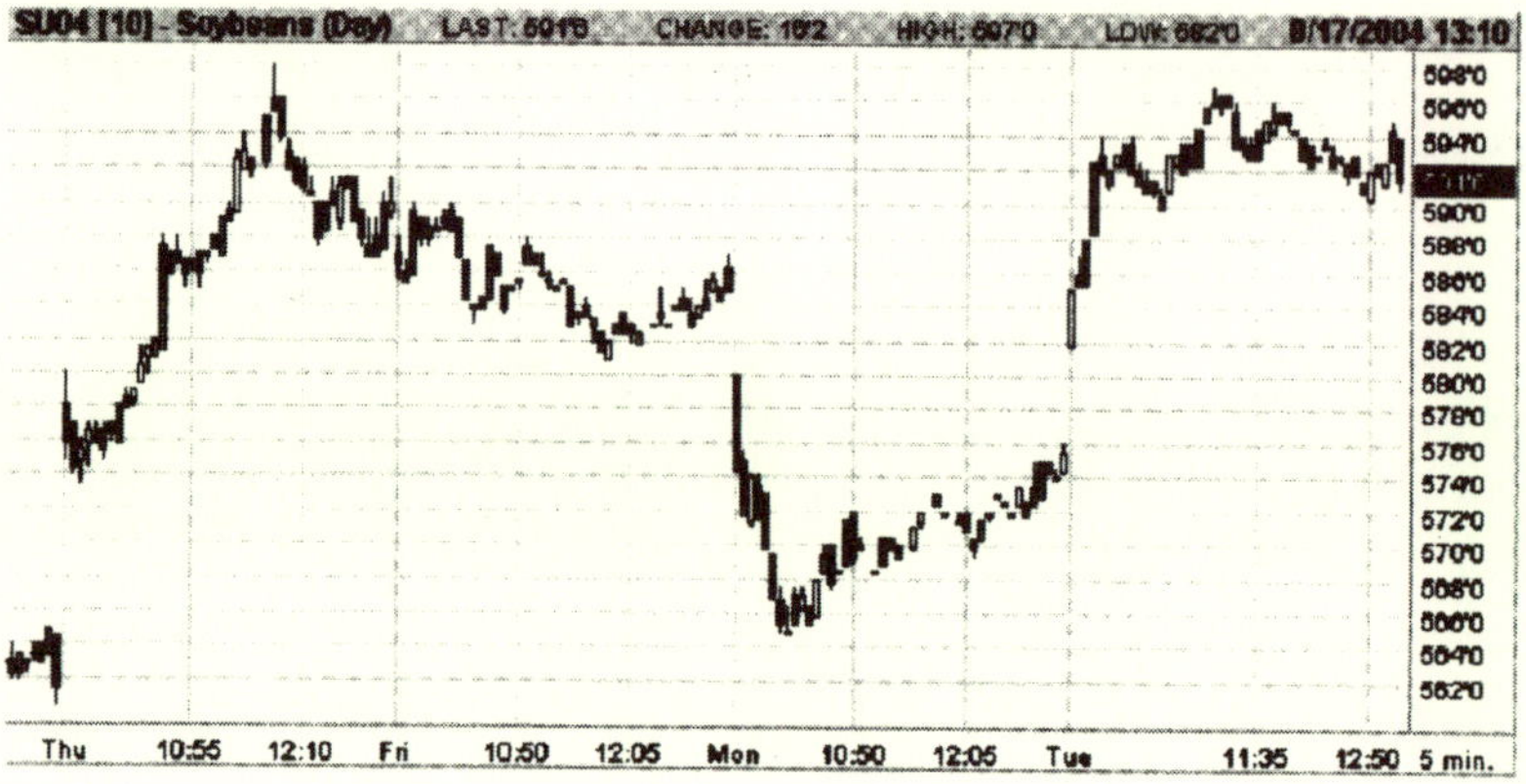

今私が述べたことは予測ではありません。チャートを見ることで相場の将来変動を予測しているわけではないのです。

違いが分かりますか。あくまでもチャート上のポイント（目安）を確認して実際のトレードに結びつけようとしているだけなのです。

●どの時間枠を使うか

チャートを見る上でもう一つ大切なことは、どの時間枠で見るかということです。これはどの程度の期間での取引を考えているかによって異なってきます。では時間枠による違いを説明していきましょう。

図表３－１はシカゴ大豆先物（２００４年８月限）の日足です。そして**図表３－２**は２００４年８月12～17日のシカゴ大豆先物２００４年８月限の動きを５分足で描いたものです。先ほどの日足のチャートとはまったく違って見えますね。

このように同じ銘柄（市場）でも時間枠の取りかたによってまったく異なる動きに見えるのがチャートの特徴です。どの時間枠のチャートを見るかはどの時間枠で売買を行うかによって異なります。それでもチャートを見るポイントは同じです。

このシカゴ大豆先物チャートのポイントは

＊目先５９６～５９８セントの高値を上抜くかどうか
＊上抜かずに反落すればどこに向かって下げるのか

ということになります。

あくまでも予測をするのではなく、素直にありのままの姿（価格変動）を見ることが大切なのです。

〈各市場の状況を掴む〉

ではリスト１の３つめである〝各市場の状況を掴む〟について説明しましょう。

最近の市場は非常にグローバル化しており、それぞれの市場が相互に関連しています。日本の株式市場は、今も昔も米国株式市場の影響を受けています。それ以外にも日本国債や米国債券、短期金利、外国為替などの影響を受けます。株式は銘柄によっては、商品相場の影響も受けます。

つまり自分の専門が株式であろうと、債券先物であろうと、あるいは金先物であろうと、ほかの市場の動きを無視することはできないのです。特に外国為替の動きは、株式や債券、商品市場に大きな影響を与えます。（しかも外国為替市場は今や24時間眠らぬ市場であり、いつでも取引可能な市場です）。

ですから株式専門のトレーダーや投資家でも、通貨や債券、原油市場、短期金利先物市場などの動きを観察する必要があります。たとえ日本の個別株専門であっても、あらゆる市場の動きを掴んでおかなければならないのです。しかしそうした場合、それぞれの市場の数字の変化を追って、「この市場は上昇トレンドだ、高値は云々」などと、いちいちやっていられませんね。いくら時間があっても足りませんし、続きません。

ここでチャートの登場です。その市場の動きは一目瞭然です。チャートの威力発揮ですね。とても優秀です。とても便利です。

◆チャートの限界

これまで述べてきたように、投資やトレードにおいてチャートは分析ツールとして不可欠と言えますが、限界をもっていることを認識してください。せっかくの大事なツールでも、使い方を間違ったために大きな損失を被ってしまっては意味がありません。

チャートには限界があるということを認識した上で、チャートをもっとも有効に使うことを心がけてください。〝限界がある〟という言い方をするとネガティブに聞こえるかもしれませんが、決してそうではありません。〝チャートのもつ素晴らしさをもっとも有効に使う〟と考えてください。

そのためには先に述べたチャートの能力を存分に生かすことに加えて、ダメ押しになりますが、以下の点を肝に銘じてください。

〈チャートを信じすぎない〉

株式売買でも先物取引でも、チャートを活用している投資家やトレーダーはたくさんいます。そしてチャートを分析することで利益を上げている人もたくさんいるでしょう。

●某トレーダーの悲劇

私の身近なところにもチャートを自ら手で描いている、チャートに詳しいトレーダーがいました。私より１００倍はチャートについてよく知っています。彼は常々チャートを見ながら「この水準を抜けると価格はここまで上がるよ（あるいは下がるよ）」とよく言っていました。そしてその通り彼はトレードを実行し、利益を上げていたようです。

あるとき彼は1カ月で自分の資金の30％を失い、それからさらに1カ月後全資金を失いました。彼はチャートだけを信じチャートだけに頼って、一貫して自分のやり方でトレードしていたのです。

彼は無意識に自分勝手なあるいは自分が希望する相場の将来変動予測をして、それに基づいてすべての取引を行っていたのでしょう。そして目先の取引に心を奪われて、利益を上げることよりもっと大切なリスク管理や資金管理を忘れていたのではないでしょうか。私はそう思っています。

先ほども述べたようにチャートは、数字（デジタル）で表示された情報を、一目でわかりやすくするために図にしたものです。過去の価格の推移を表したにすぎません。将来の価格変動を暗示するものではないのです。「過去のパターンがこうだから次はこうなる」と勝手に将来を予測して行動することは早計です。相場の動きはそのように単純なものではありません。

チャートを絶対的に信じてしまえば後に待っているのは〝チャートの悲劇だけ〟と言っても過言ではないのです。

3. ギャンブルと投資を見分ける能力

ギャンブルと聞いて皆さんは何を思い浮かべますか。パチンコ、スロット、競馬、ルーレット等々。そしてさらに何を想像するでしょうか。「会社の金を横領して競馬につぎこんだ」「競馬で財産を全部すった」「パチンコでサラ金に借金を作った」などでしょうか。

投資の世界にいる皆さんは「自分はギャンブルとは無関係だ」と思ってらっしゃいますよね。「自分はギャンブルなど、そんな危険なことはやらない」と。

実は投資の世界にもギャンブルはたくさんあります。決して大きな取引のことを言っているのではありません。ギャンブルに金額は関係ないのです。

ではギャンブルの定義について考えてみましょう。

谷岡一郎氏（『ビジネスに生かすギャンブルの鉄則』日本経済新聞社、36ページ）によると、

「ギャンブルとは、不可知な結果に関する同意があり、その結果に従って、財物（通常は現金であるが必要条件ではない）の再配分が仲間うちでなされること」だそうです。

これは非常に広い定義で、この中には株式売買もほかの商行為も含まれます。しかしここで述べる「ギャンブル」はそのような一般的な定義でも、刑法で述べられている賭博でもありません。株式、先物、通貨、債券、オプションといった取引のやり方においてのギャンブルです。投資を行っていく上で〝投資とギャンブル〟の区別ができることは成功への必須条件です。

『新マーケットの魔術師』（ジャック・シュワッガー著、パンローリング刊）に登場するビック・スペランディオ氏の意見を紹介しましょう。

「勝算のないときに投資（トレード）」することをギャンブルといいます。よりわかりやすく言えば、結果を偶然の作用に委ねて投資（トレード）する行為を「ギャンブル」といいます。儲かる確率が少ない投資（トレード）、優位性のない投資（トレード）です。

「リスクの高いものとして避けることが望ましい取引のやり方」をギャンブルだと言いましたが、このやり方とは具体的にどのようなことなのでしょうか。

◆投資におけるギャンブルとは

1. 投資対象物（株式、先物、通貨、債券、オプションなど）について十分な調査、分析をすることなしに投資（トレード）すること
2. 投資対象物について十分な知識を持たずにトレードすること
3. 「ゲーム」のルールを知らずに、ゲーム（トレード）に参加すること
4. 投資を行う自分自身の長所や短所を知らずに投資（トレード）すること
5. あらかじめリスクを計算せずに、あるいはリスクの知識を持たずに市場に参加すること
6. 自己規律のない者が投資を行うこと
7. リスクを回避する（ヘッジする）手段を持たずに、市場に参加すること

さあどうでしょうか。あなたは投資の世界でギャンブルの経験がないと言い切れますか。

一見まったく異なる行為に見える〝投資とギャンブル〟ですが、どちらもリスクが伴うことでは同じですね。異なるのはギャンブルの場合〝一か八か、勝つか負けるか〟という一発勝負的な感覚が強いですが、投資の場合には〝リスクを最小限に抑える、あるいは回避する〟というリスク・マネジメントの考えがはたらきます。

投資の世界で勝ち残るためには、この投資（トレード）とギャンブルの区別を正しく判断する

能力が求められます。それができないと、それまでのせっかくの利益も一瞬にして失ってしまいかねません。

◆ギャンブルに走りやすいタイプ

これまで投資の世界でいろいろな失敗例、成功例を見てきましたが、失敗する人には共通項があることに気づきました。皆さんも考えてみてください。該当する項目はありませんか。

リスト2

- ●普通に仕事するより簡単にお金を儲けられると思っている
- ●短期間で大きな利益が得られると思っている
- ●一攫千金が可能だと思っている
- ●上がるか下がるかを当てさえすれば儲けられると思っている
- ●「自分は負けない」と根拠もなく考えている
- ●自分がやっている方法がギャンブルであるという認識がない

投資に参加する人の多くは、よもや自分が敗者になるとは考えていません。それどころか「自分は絶対に勝つ」と根拠もなく信じているうぬぼれやさんです。そして多くは勉強不足です。簡単に儲けられると考えているのですから、「勉強など面倒なことは必要ない」と考えているわけですね。

中には「いや、自分はとても勉強している」とおっしゃる方がいるでしょう。もちろんです。すべての人が勉強不足だから儲からないのだ、と言っているわけではありません。しかし自分は勉強家であると自負する投資家の多くは、たいていは一度大きな失敗を経験している方が多いようです。〝失敗から学ぼう〟としている賢明な方々です。しかし失敗しても学ばない人が多いのも事実なのです。失敗しても、依然として先ほどのリスト２に挙げたことを信じている人たちです。

どうですか。胸に手を当ててみたとき、自分は勉強をしないで儲けようと考えていませんでしたか。たぶんどなたにでも思い当たるのではないでしょうか。しかしそれはそれでよいのです。これから改めればよいだけなのですから。

物事の間違いに気づくことにおいて遅すぎるということはありません。気づくことが大事なのです。そうしてそこで間違いを正す行動を起こせばよいのです。ギャンブルからは足を洗うことです。

第4章

オプション取引のための分析術

◆オプション取引の真髄

オプション取引のための分析術は大きく2つに分けることができます。一つは原市場の分析であり、もう一つはオプション市場そのものの分析です。前者は株式や先物のトレーダーの多くが行なっているテクニカル分析と変わりません。後者はオプション市場における価格構造やボラティリティの分析です。

ほとんどのオプション取引者は前者を重視し、後者を軽視するか全く無視してしまいがちですが、オプション取引のプロにとっては実は後者の方が重要なのです。

別の言い方をしますと、前者よりも後者をしっかりと把握し、それに基づいて取引を行うほうが、より優位であると言えるのです。

「優位であるとはどういうことか」

優位であるという意味は他者より優っているということです。つまり原市場の分析より、オプション市場における価格構造やボラティリティの分析のほうが、オプション取引を行う上で優っていると言えるわけです。

本章では原市場のテクニカル分析は他の著書に任せて、オプション市場における価格構造とボラティリティの分析について詳しく述べたいと思います。どんなにオプションで勝つ確率が高いかを、これからお話しします。オプションの真髄とも言える部分ですのでしっかりと掴んでください。

1. オプション価格構造の歪み（スキュー）

まず最初に説明するのは、歪み（スキュー）と呼ばれるものです。オプション価格は銘柄によって、コールまたはプットいずれかが一方に対して著しく割高であるケースが多く見受けられます。

例えば株価指数オプションでは、通常プットがコールに対して大幅に割高です。また個別株オプションは銘柄にもよりますが、多くはコールがプットに対して大幅に割高です。さらにコモディティ（商品先物）オプションでは、通常コールがプットに対して著しく割高です。これをスキュー（歪み）と呼んでいるのです。

リスト1

株価指数オプション…………プットがコールに対して大幅に割高
個別株オプション……………コールがプットに対して大幅に割高
コモディティオプション……コールがプットに対して著しく割高

このスキューには、さらに次のような傾向があります。

●株価指数オプションでは、株式市場が急落したときに大きくなる

●先物（コモディティ）オプションでは、先物市場が急上昇したときにさらに大きくなる

◆株価指数

では以上の特徴を踏まえて株価指数オプションから見ていきましょう。**図表４－１**は米国株価指数であるＳ＆Ｐ５００オプションの同月限コールとプットの価格を示したものです。

この時点でのＳ＆Ｐ５００（原市場）価格は１３５８．８０です。コール、プットいずれもＯＴＭ（アウト・オブ・ザ・マネー）の価格とＩＶを掲げました。

図表4-1　S&P500のオプション価格

権利行使価格	コール	IV（%）	プット	IV（%）
	S&P500の価格	1358.80		
1220			1.20	17.90
1225			1.30	17.90
1230			1.45	17.45
1235			1.55	17.10
1240			1.70	16.83
1245			1.80	16.43
1250			2.00	16.20
1255			2.20	15.94
1260			2.40	15.63
1265			2.65	15.37
1270			2.95	15.14
1275			3.25	14.86
1280			3.60	14.61
1285			4.00	14.36
1290			4.45	14.11
1295			4.95	13.87
1300			5.50	13.61
1305			6.10	13.35
1310			6.70	13.02
1315			7.40	14.72
1320			8.20	12.43
1325			9.20	12.22
1330			10.20	11.92
1335			11.40	11.68
1340			12.70	11.42
1345			14.20	11.18
1350			15.80	10.91
1355	21.50	10.72	17.70	10.70
1360	18.85	9.50	19.70	10.45
1365	15.80	10.22		
1370	16.00	8.81		
1375	11.00	9.74		
1380	9.00	9.54		
1385	7.30	9.37		
1390	5.80	9.19		
1395	4.55	9.04		
1400	3.50	8.88		
1405	2.65	8.75		
1410	1.95	8.59		
1415	1.40	8.44		
1420	1.10	8.51		
1425	0.80	8.45		
1430	0.65	8.59		
1435	0.55	8.88		
1440	0.45	8.94		
1445	0.35	9.01		
1450	0.30	9.22		
1455	0.25	9.38		
1460	0.20	9.48		
1465	0.15	9.51		
1470	0.10	9.41		
1475	0.05	9.05		

この表の１２５０プットと１４６５コールの価格を見てください。いずれも原市場の水準から約８％離れた権利行使価格のオプションです。

●１２５０プットの価格が２．００に対して、
●１４６５コールの価格はわずか０．１５です。

13倍の価格差があります。いずれも原市場の現在の価格から同じように８％離れています。それなのになぜこのような違いが生まれるのでしょう。これが先ほどお話したスキューです。リスト１をもう一度見てください。

株価指数においてはプットがコールに対して大幅に割高になるのです。これは偶然そうなったのではなく、明らかにこの傾向にあるということです。

次にＩＶ（インプライド・ボラティリティ）を見てみましょう。

●１２５０プットのＩＶが１６．２０％に対して、
●１４６５コールのＩＶは９．５１％とかなりの低水準です。

ボラティリティが高いとオプション価格も高くなると第２章で説明しましたね。（**図表２－５参照**）

図表4-2　S&P500

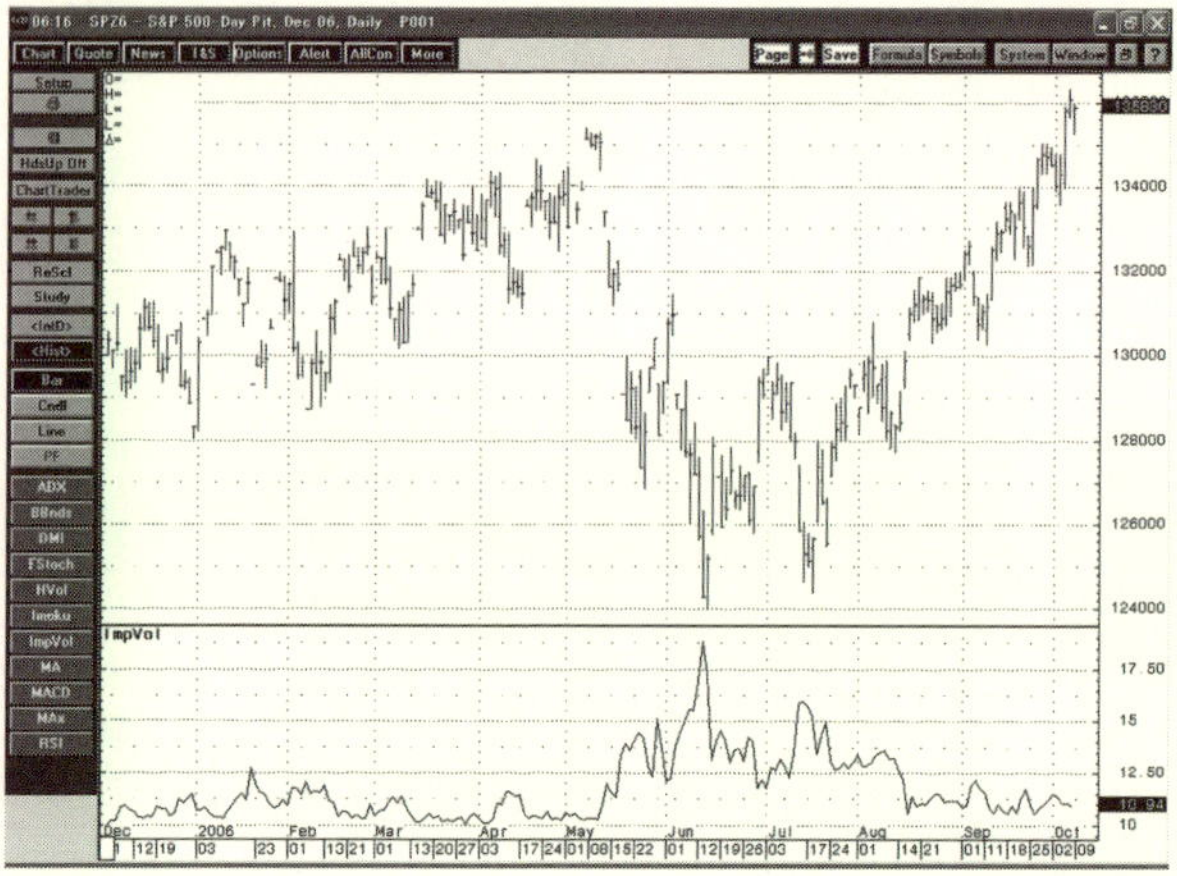

このように株価指数オプションではプットの価格が常に割高になるように構造上歪んでいるのです。そしてこの歪度は株式市場の急落時においてさらに大きくなります。しかもＡＴＭから離れたＯＴＭほど歪度は大きくなるのが特徴です。

〈着眼すべき点〉

この元々構造上歪んだオプション価格構造が、さらに歪みを増したときに、利益を得るチャンスが巡ってくるのです。

つまり株価指数オプションでは、原市場の急落時においてチャンスがあるということになります。

図表４−２はＳ＆Ｐ５００の指数の動きとＩＶの動きです。急落時に大きくボラティリティが上昇しているのが分かりますね。

つまりこの時点でのオプション価格も大きな歪みが生

じて高くなるわけです。

余談ですが、株価の急落時にボラティィリティが高くなるのは、第1章で説明したようにボラティィリティが人間の思惑によって変化するからだと思われます。つまり急落への恐怖心がボラティィリティを高くするわけです。そう考えると株価急落時にプットが高くなるという論理が理解しやすいかもしれません。

◆コモディティ

次にコモディティオプションを見てみましょう。

図表４－３はＮＹコーヒー先物オプションの同限月のコールとプットの価格を示したものです。この時点での原市場（ＮＹコーヒー先物）価格は１０３．９０セントです。

※なお表の権利行使価格は便宜上少数点が省略されています。例えば８２５は８２．５セントを意味します。

図表4-3　NYコーヒー先物オプション価格

Cofeeの価格　103.90				
権利行使価格	**コール**	**IV（%）**	**プット**	**IV（%）**
825			2	31.74
850			5	31.62
875			11	31.33
900			23	31.21
925			46	31.43
950			82	31.39
975			136	31.33
1000			213	31.35
1050	345	32.74		
1100	190	33.95		
1150	108	36.29		
1200	65	38.97		
1250	45	42.55		
1300	30	45.18		
1350	20	47.42		
1400	15	50.27		
1450	12	53.28		
1500	10	56.29		
1550	9	59.63		
1600	8	62.64		
1650	7	65.31		
1700	6	67.63		
1750	5	69.56		
1800	4	71.03		
1850	3	71.90		
1900	2	71.89		

この表の８２５プットと１２５コールのそれぞれの価格をご覧ください。いずれも原市場の水準から約20％離れた権利行使価格のオプションです。

●８２５プットの価格は2であるのに対して
●１２５０コールの価格は45です。

何と22倍超の開きがあります。すごいですね。リスト1を思い出してください。先物（コモディティ）オプションではコールがプットに対して著しく高かったのでしたね。ではＩＶの動きはどうなっているでしょうか。

●８２５プットが３１．７４％であるのに対して
●１２５０コールは４２．５５％です。

やはりコールのＩＶがプットのＩＶよりかなり高くなっています。先ほども申し上げたように、ＩＶが高いとオプション価格が高いのでしたね。しかしいくら高いと言っても22倍もの開きがあるとは驚きませんか。

このように先物（コモディティ）オプションでは、コールの価格がプットの価格に対して著しく割高である傾向が強いのです。つまりコールの価格が常に割高になるように構造上歪んでいるのです。

そしてこの歪度はコモディティ市場の急騰時においてさらに大きくなります。しかもATMから離れたOTMほど歪度は大きくなるのが特徴です。

〈着目すべき点〉

先の株価指数オプション同様に、この元々構造上歪んだオプション価格構造がさらに歪みを増したときに利益を得るチャンスが巡ってきます。コモディティ市場が急騰したときがチャンスなのです。

コモディティオプションのこの顕著な傾向については後述するアノマリー（季節性）と関連して理解すると分かりやすいと思います。

2. 権利行使価格間のＩＶの差

オプションでは同限月でありながら権利行使価格の違うオプションのＩＶが大きく異なっている場合があります。

◆モトローラ

モトローラ（ＭＯＴ）を例にとってみましょう。ＭＯＴの株価は２００６年10月９日現在２５．６４ドルでした。

このとき２００６年10月限の異なる権利行使価格のプットのＩＶは以下のとおりでした。

●２５．００プット　ＩＶ：４７．９５％
●２２．５０プット　ＩＶ：５７．２７％

何と！　10％も違いがありました。

「さあチャンス到来だ。ＩＶの低いオプション（安い）を買って、ＩＶの高いオプション（高

図表 4-4　モトローラの株価

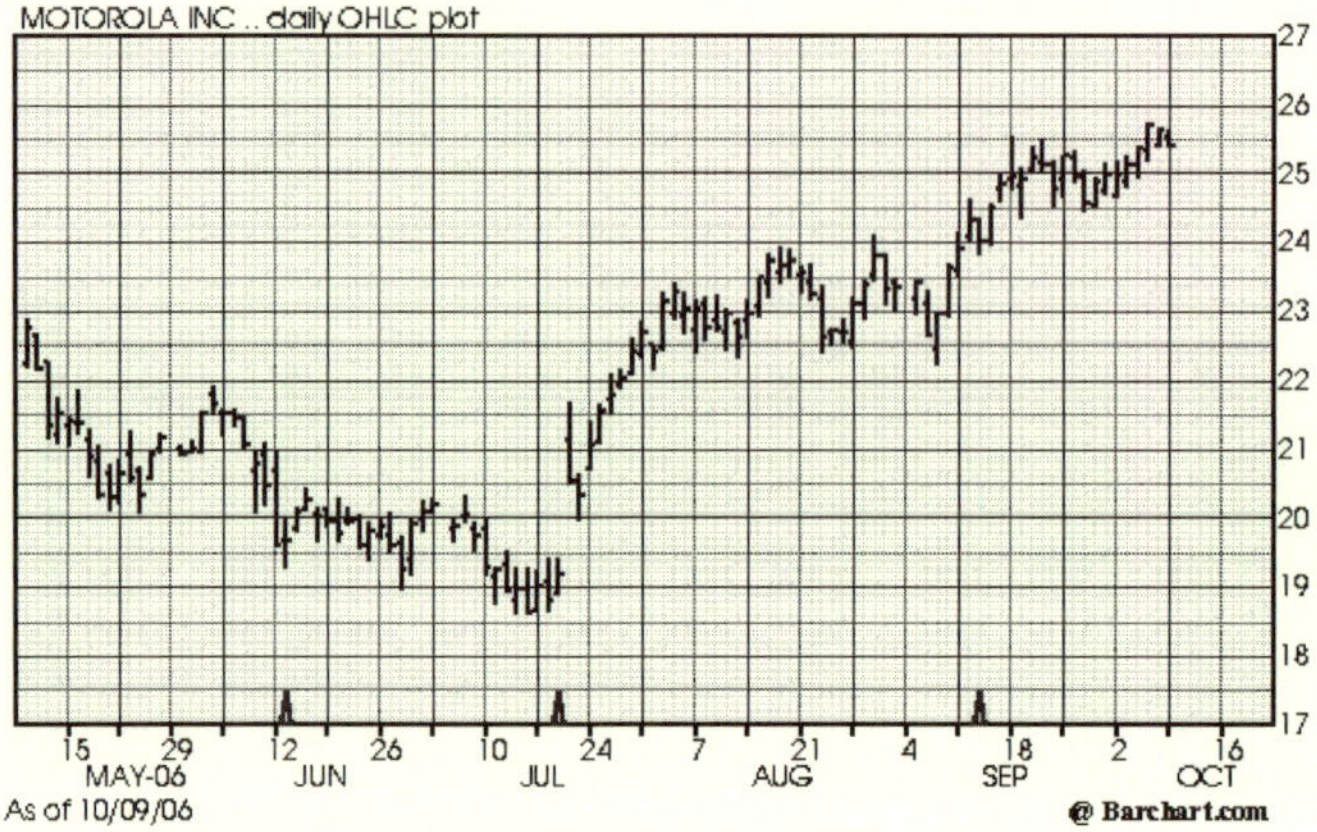

図表 4-5　モトローラのボラティリティ

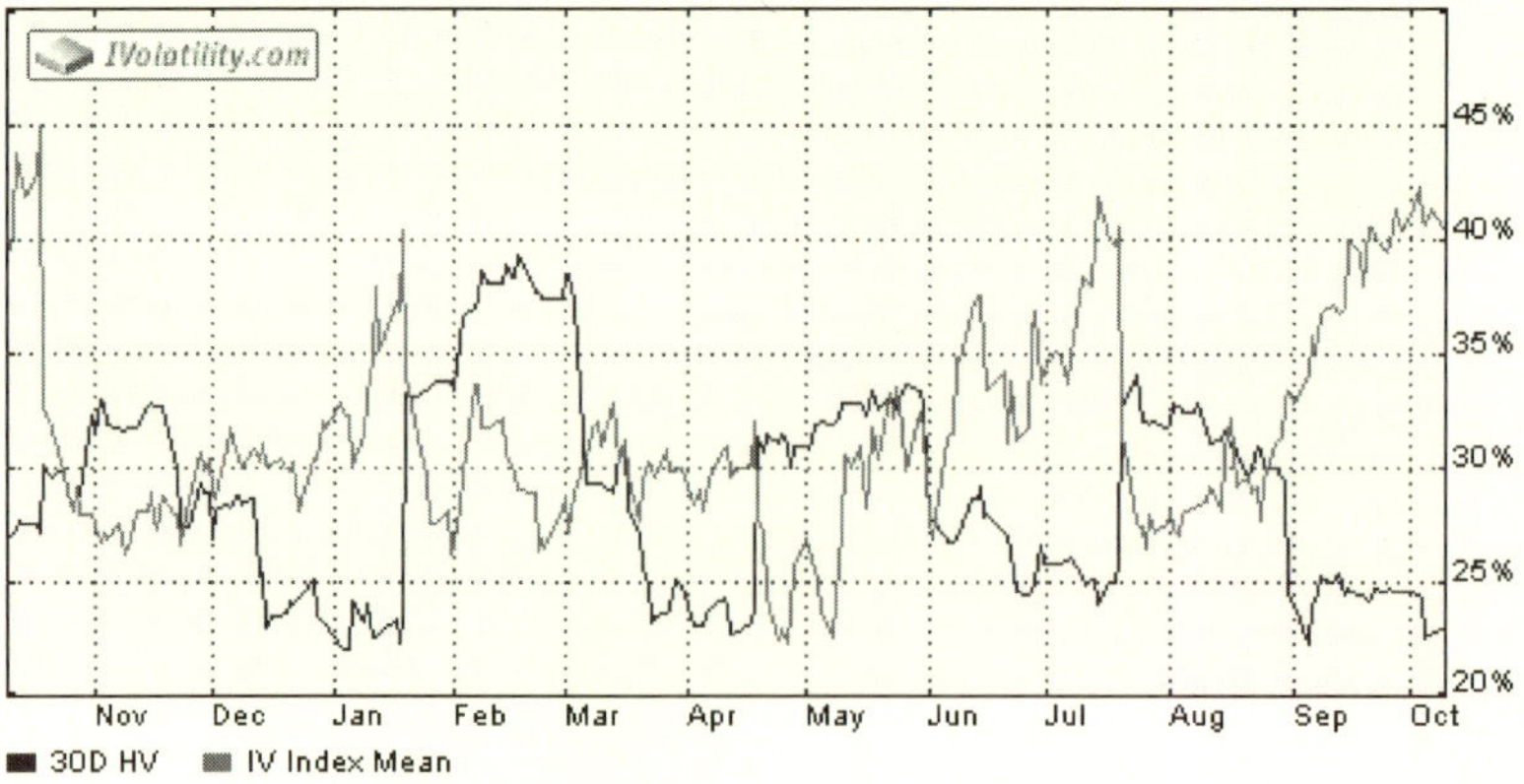

郵便はがき

料金受取人払

新宿局承認

767

差出有効期間
平成19年3月
31日まで

1 6 0-8 7 9 0

6 1 1

東京都新宿区
西新宿 7-21-3-1001

パンローリング㈱

資料請求係 行

投資に役立つ
資料無料進呈

小社の本をご購読いただいたお礼に、ご希望の読者の方にはほかでは得られない、 資料を差し上げます。

→ 投資に役立つ書籍やビデオのカタログ

→ 投資実践家のためのパソコンソフトカタログ

→ 小社発行の投資レポート誌「パンレポート」の見本誌

→ そのほか、がんばる投資家のための資料・・・

あなたが賢明なる投資家になるための資料がいっぱい！
さあいますぐ、ご記入のうえご請求ください。

資料請求カード

ご購読ありがとうございました。本書をご購読いただいたお礼に、投資に役立つ資料（投資ソフト・書籍カタログ・セミナー・投資レポート見本誌etc）をお送りします。ご希望の方は郵送かFAXでこのカードをお送り下さい。

●どこで、本書をお知りになりましたか？

1,新聞・雑誌（紙名・誌名　　　　　　　　　　　）
2,TV・ラジオで　3,ポスター・チラシを見て　4,書店で実物を見て　5,人（　　　）にすすめられて　6,小社の案内（a.ホームページ b.他の書籍の案内 c.DM）　7,その他（　　　　　　　　　　）

●本書についてのご感想をお書き下さい。

電子メール（info@panrolling.com）でもお送り下さい。ホームページで書評として採用させていただく方には、図書カード500円分をさしあげます。

ご購入書籍名

ご購入書店様名　　　　書店様所在地

フリガナ
お名前　　　　性別　男・女
年齢

住所　〒

電話番号

電子メール

資料請求はいますぐこちらから!!　FAX 03-5386-7393
E-Mail info@panrolling.com

い）を売れば儲かるはずだ」

しかしちょっと待ってください！　たしかに安いオプションを買って（支払い）、高いオプションを売れば（受け取り）儲かると考えてしまいがちです。（第２章コールとプットの売買の意味参照）

しかしそれは早計なのです。それほど単純ではないのです。

ＭＯＴの株価が下げに転じるような局面であれば、２５．００プットを買って、２２．５０プットを売る戦略は有効でしょう。ＩＶの違いによる価格差を利用して利益を得ることができます。しかし一方でもし上昇トレンドが続けば、残念ながらＩＶの違いの有利さを利用することはできないのです。

図表４－４は株価の動き、**図表４－５**はボラティリティの動きです。どう判断しますか。

◆ＮＹコーヒー先物オプション

もう一つの例をあげましょう。ＮＹコーヒー先物オプションです。２００６年10月９日のＮＹコーヒー12月限先物価格は１０３．３５セントでした。このときの12月限の異なる権利行使価格のコールは以下のとおりでした。

図表 4-6　NYコーヒー

●150コール　IV：58.32％
●170コール　IV：69.75％

やはり10％もの開きがありますね。IVの低いコールを買って、IVの高いコールを売る戦略を仕掛けたいところですが、これもそれほど単純ではなりません。この戦略も上昇トレンドが強いときに有効で、それを確認してから仕掛ける必要があります。

3．限月間のＩＶの違い

限月間でもＩＶが違ってきます。アマゾンの例を挙げましょう。

◆アマゾンドットコム（AMZN）

２００６年10月９日の株価は３３．３８ドルでした。

このとき２００６年10月限と２００６年11月限３５．００コールのＩＶは以下のとおりでした。

●２００６年10月限３５．００コール　ＩＶ：３８．８４％
●２００６年11月限３５．００コール　ＩＶ：５０．８９％

ＩＶの違いからリバース・カレンダー・スプレッド（10月限コール買い――11月限コール売り）の仕掛け時ということになります。

リバース・カレンダー・スプレッドとはオプション手法の一つです。上記のＩＶの高さを比べたとき、10月のほうが低いですね。つまりオプション価格は安いことになります。ですから10月

（期近限月）の安いコールを買って（支払い）、11月（期先限月）の高いコールを売れば（受け取り）、その差額が利益になるわけです。

これらの詳しい手法については拙著「最新版オプション売買入門」および「オプション売買の実践〈日経225編〉」（いずれもパンローリング刊）で説明していますので、ぜひ参考にしてください。

図表4－7と4－8で株価とＩＶの動きを確認してください。

図表 4-7　アマゾンドットコムの株価

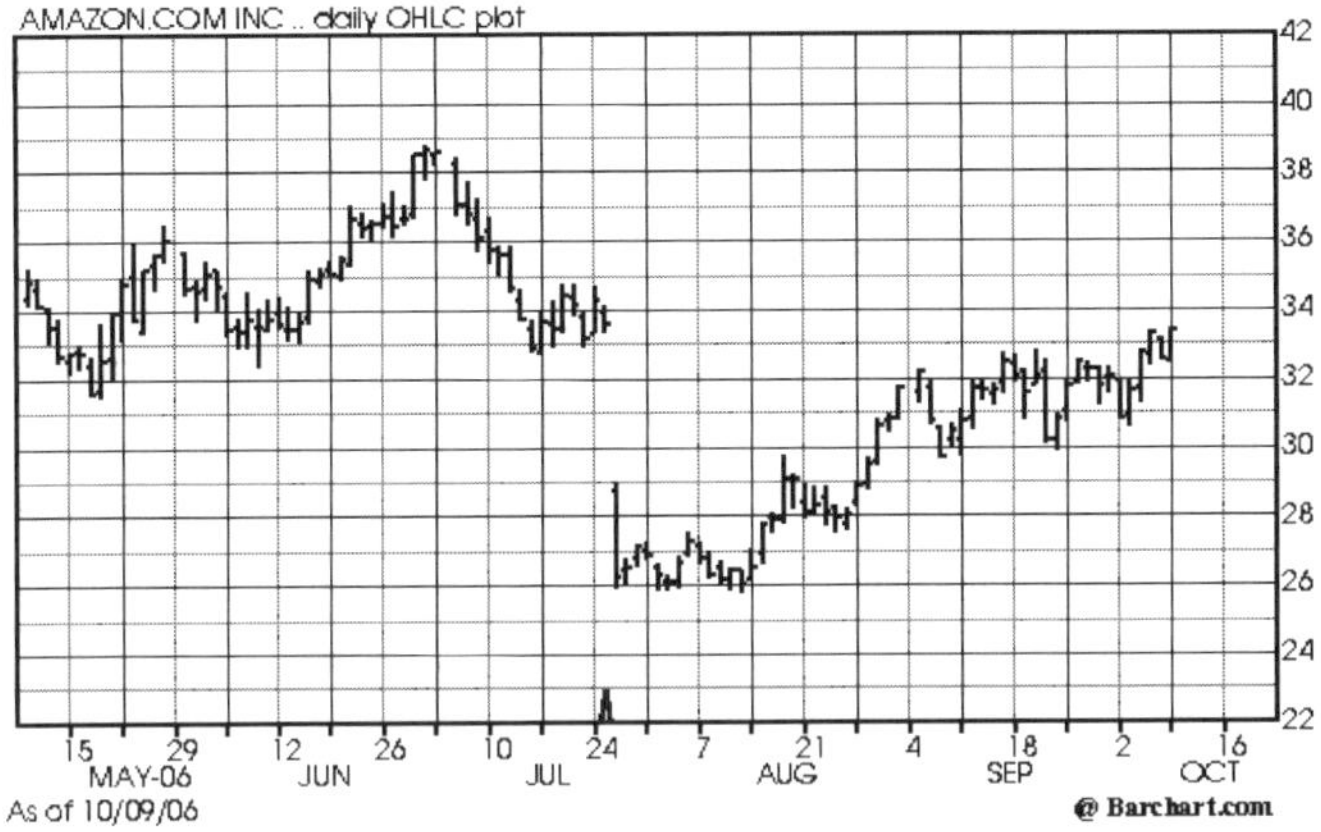

図表 4-8　アマゾンドットコムのボラティリティ

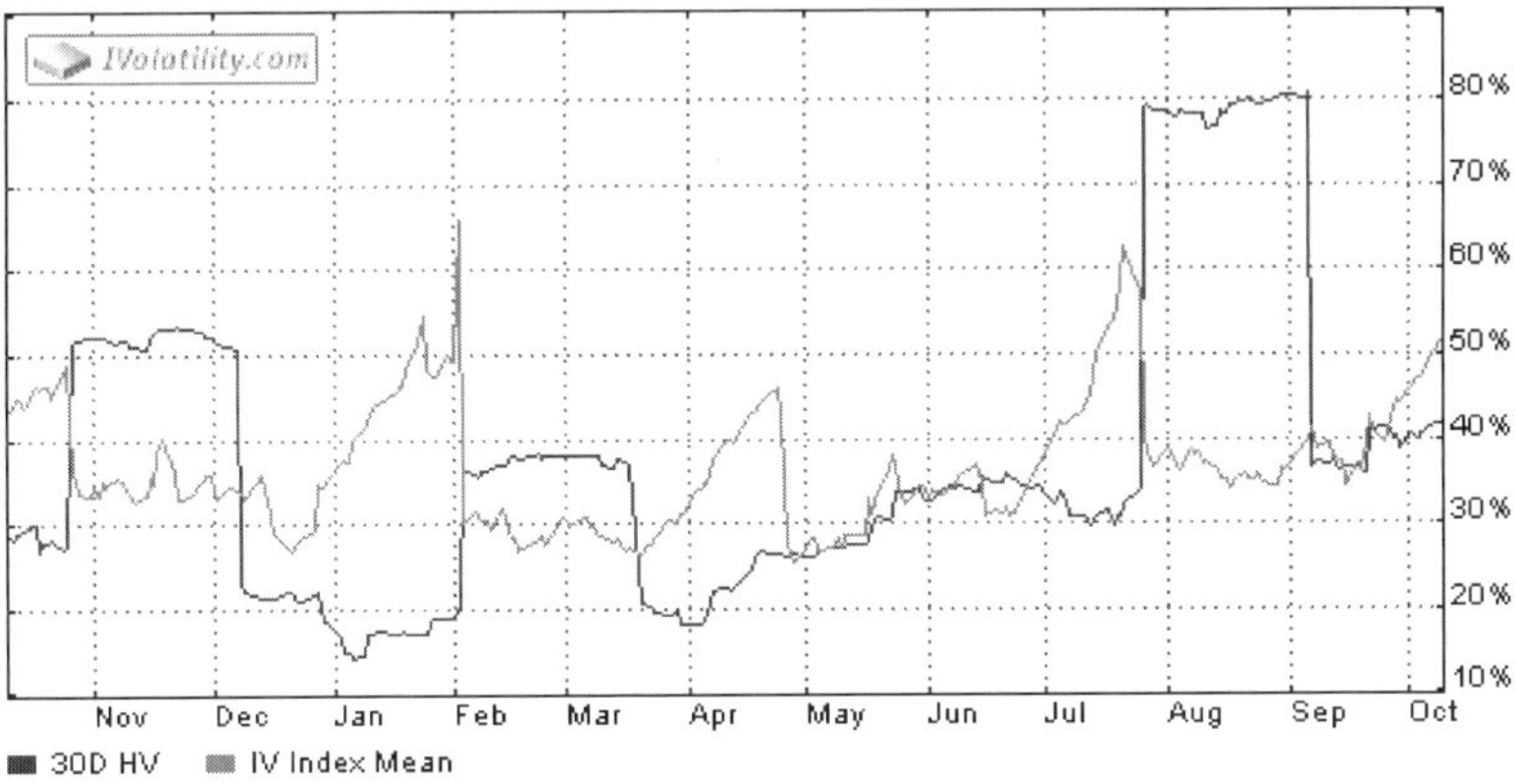

◆CBOT小麦先物

もう一つの例を挙げてみます。2006年10月6日のCBOT小麦先物2006年12月限価格は4.94ドルで、2006年12月限と2007年3月限5.00コールのIVは以下のとおりでした。

●2006年12月限5.00コール　IV：77.36％
●2007年3月限5.00コール　IV：45.85％

信じられないほどの大きな違いです。当然ながらカレンダー・スプレッド（12月限コール売り――3月限コール買い）の仕掛けのビッグチャンスとなりますね。

カレンダー・スプレッドも先ほどのリバース・カレンダー・スプレッドと同じ手法の一つです。考え方は同じです。

このケースではIVの高さを比べたとき、手前である12月が高く、先である3月のほうが低くなっていますね。つまり

●12月のIVが高い→　オプション価格が高い
●3月のIVが低い→　オプション価格が安い

図表4-9　ＣＢＯＴ小麦先物

ですから12月（期近限月）のコールを売って高いオプションプレミアム（価格）を受け取り、3月（期先限月）の安いコールを買えば、その差額が利益となるわけです。

図表4-9でＣＢＯＴ小麦先物の価格とＩＶの動きとの関係をもう一度確認してください。

4．ミスプライス

では次にミスプライスについて説明します。このミスプライスもオプションならではの優位性の一つで、99％勝つ確率があるという優れもの現象です。しっかり見てください。

◆NYゴールド

図表4－10はＮＹゴールドのコール価格表です。この表をよく見てください。何かおかしな点はないでしょうか。

この表を見たときに８００コールの価格50は、ここだけ明らかにおかしいとすぐに気づきますね。どう考えても前後関係との辻褄があいません。うずらの卵の中に大きなダチョウの卵が入っているようなものですね。

「そうです。間違って値付けされているのです！」

実はオプションの世界では、このように適正価格から離れて取引される例が多く存在します。このような値付けを「ミスプライス」と言います。

図表 4-10　ＮＹゴールドのコール価格表

NYゴール先物価格：582.8（前日比▼12ドル）
（2006 年 12 月限）

権利行使価格	コール価格	前日比
720	30	▼10
725	30	▼10
730	20	▼10
735	20	▼10
740	20	▼10
745	20	▼10
750	20	▼10
755	10	±0
760	10	±0
765	10	±0
770	10	±0
775	10	±0
780	10	±0
785	10	±0
790	10	±0
795	10	±0
800	**50**	△**40**
805	10	±0
810	10	±0
815	10	±0
820	10	±0
825	10	±0

間違った値付けなら、それは無効になるのではないかと思いますね。ところがこのようなミスプライスで成立した取引でも、オプション取引の世界では有効なのです。

そしてプロのトレーダーたちは、このようなミスプライスを頻繁に発見して取引を行っています。安い品物なのに誰かが間違って高く買ってくれると言うのですから、こんなラッキーなことはありませんね。他のトレーダーに気づかれないうちに売ってしまおうというわけです。

しかし間違っているのですから、必ず短時間のうちに是正されます。つまり気づいた人の早い者勝ちです。

このミスプライスも先ほど説明したスキューと同じように、オプションならではの現象です。どうですか。先ほどの表で見れば５倍もの値段になっています。つまり実際は10万円しか価値がないものを誰かに50万円で売れるのです。ラッキーですね。しかも後で間違いだったと気づいても、この取引そのものは間違いではなく有効なのですから。

〈**着目すべき点**〉
↓間違っていてもオプション取引では有効！
↓プロはミスプライスを逃さない
早い者勝ちですから、プロも個人投資家も関係ありません

図表4-11　S&P500

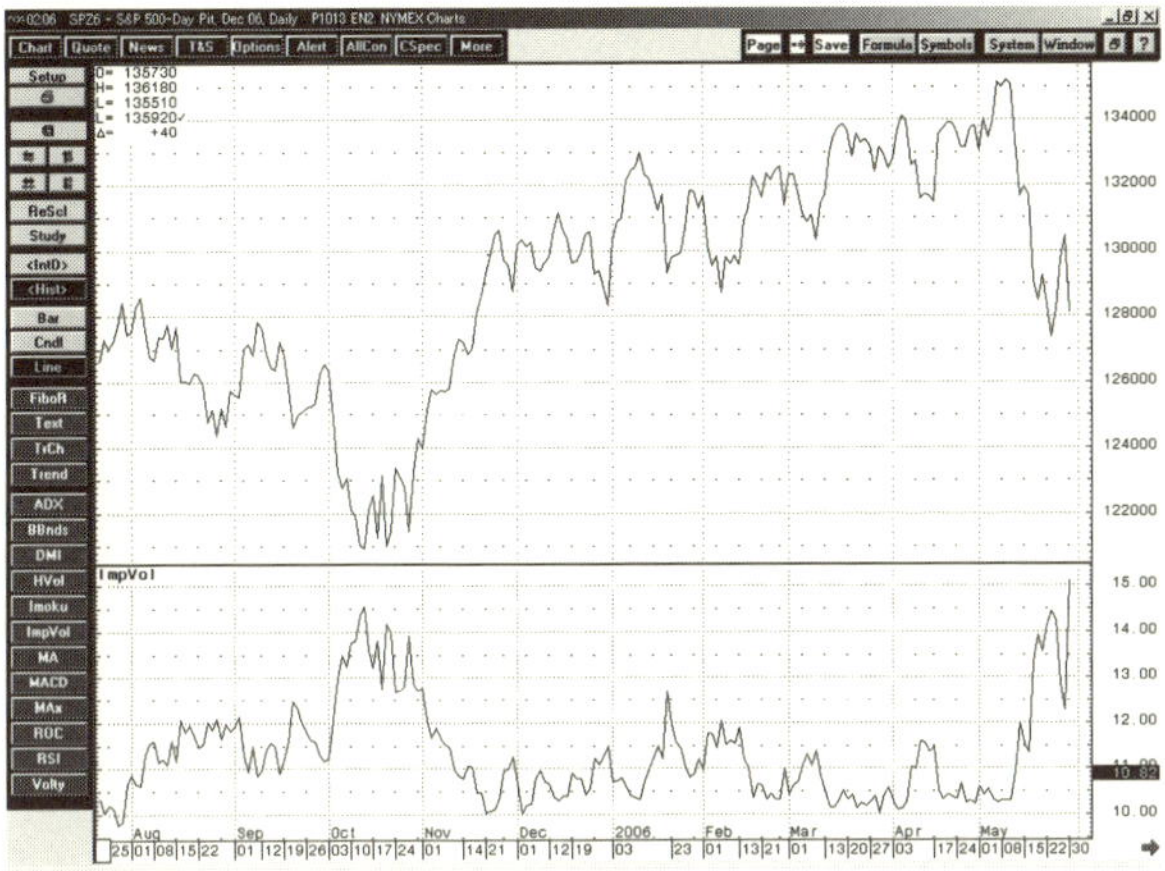

5．IVと原市場価格の動きの関係

これは言葉で説明するよりもチャートを見たほうが断然分かりやすいと思います。株価指数とコモディティ市場および個別株でそれぞれ異なりますので、例を挙げながら見ていきましょう。

〈株価指数〉

◆S&P500

図表4－11は、上部がS&P500の価格の推移、下部はIVの変化を示しています。どうですか。まるで水面に移る山々のような絵にさえ見えますね。

図表4-12　日経225

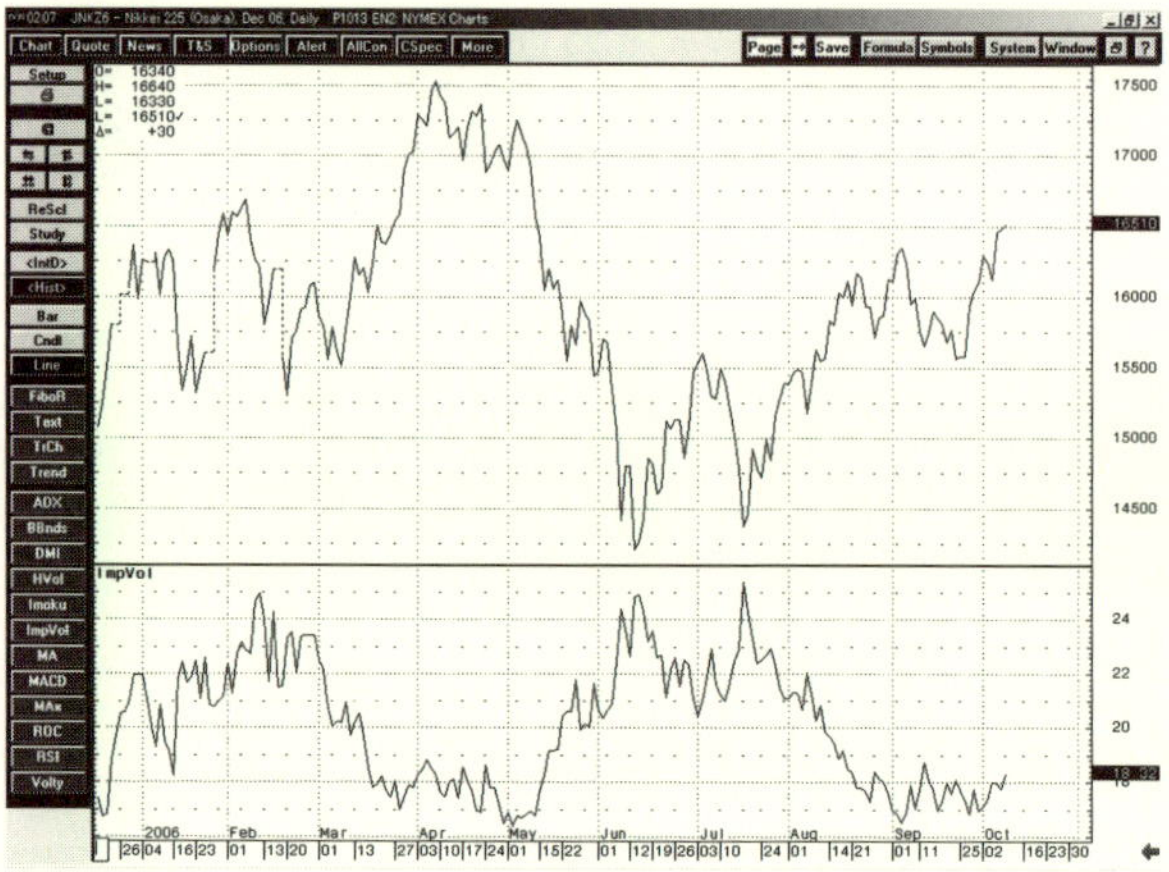

〈このチャートから読めること〉

＊株価の急落時にＩＶが大きく上昇している

＊反対に株価の急騰時にＩＶが急下降する傾向がある

ということが分かりますね。またＩＶが長期にわたって低い水準に位置していると突然急上昇し、急上昇したＩＶは近く下降する傾向にあることも読み取れます。

◆日経225

同じように日経２２５でも見てみましょう。一目で美しいまでに反対の動きをしているのが分かります。

日経２２５も基本的にＳ＆Ｐ５００と同じく、株価の急落時にＩＶが大きく上昇し、反対に株価の急騰時にＩＶが急下降する傾向があるのが分かります。

図表 4-13　NYコーヒー先物

〈コモディティ〉

◆NYコーヒー先物

では次にコモディティのNYコーヒー先物を見てみましょう。これまでの2つの動きと異なりますね。逆の動きではなく、ほぼなだらかに連動していますが、ところどころ大きく連動する部分も見られます。

NYコーヒーは他の多くのコモディティ同様、先物価格の上昇時にIVが上昇し、反対に先物価格の下落時にIVが下降する傾向があります。

図表 4-14　CBOTコーン

◆CBOT小麦先物

図表4－14は、穀物銘柄の代表であるCBOT（シカゴ）コーンの先物価格とIVの推移を示したものです。前述のコーヒーと同様、相場の上昇時にIVも上昇し、下落時にIVが下降しているのが一目で分かりますね。

〈個別株〉

◆モトローラ

最後に個別株の株価とIVの関係を示す例として米国株モトローラ（MOT）を紹介しましょう。

個別株は必ずしも株価指数と同じように、株価の下落時にIVが上昇するとはかぎりません。MOTのケースでは、株価の上昇に伴いIVが大きく上昇しているのが見てとれます。

図表4－15と図表4－16で確認してください。

図表 4-15　モトローラの株価

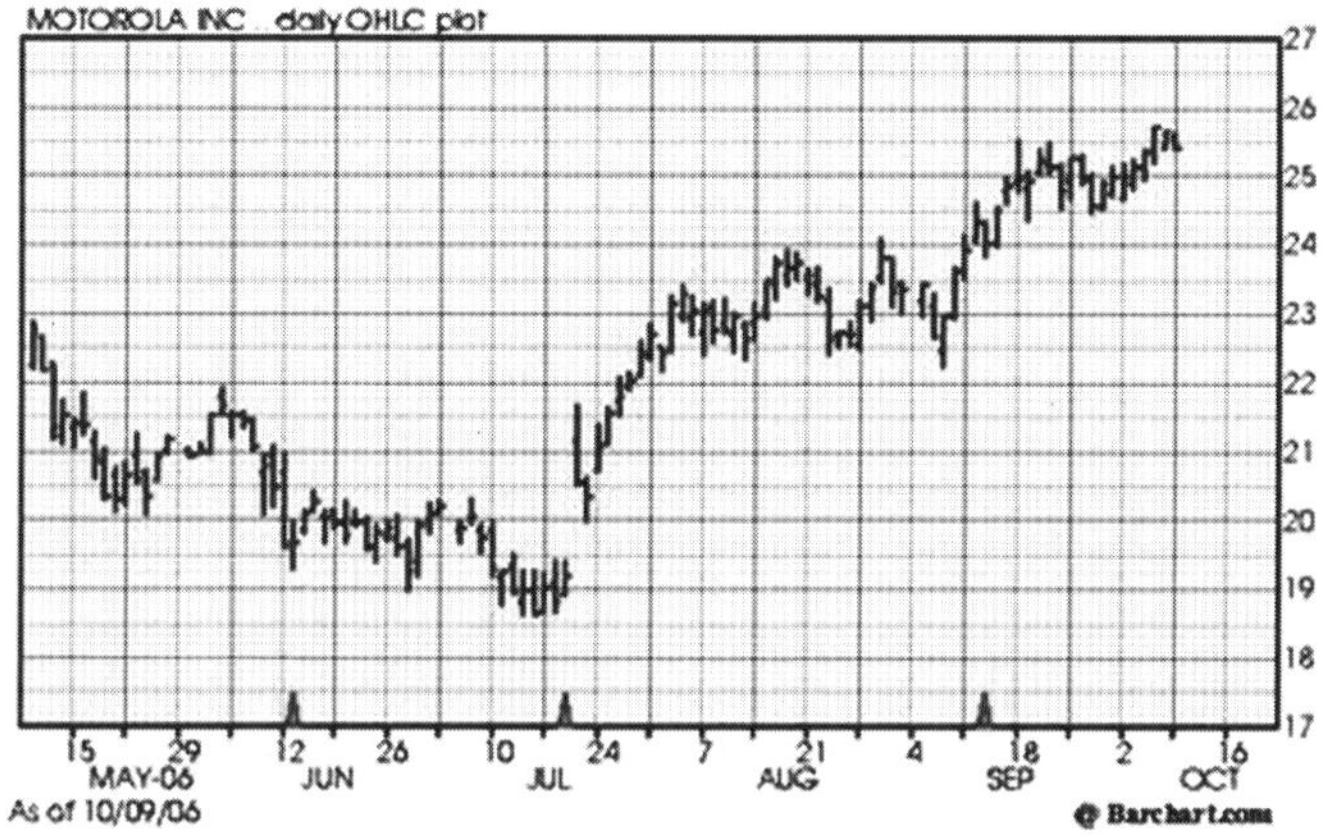

図表 4-16　モトローラのボラティリティ

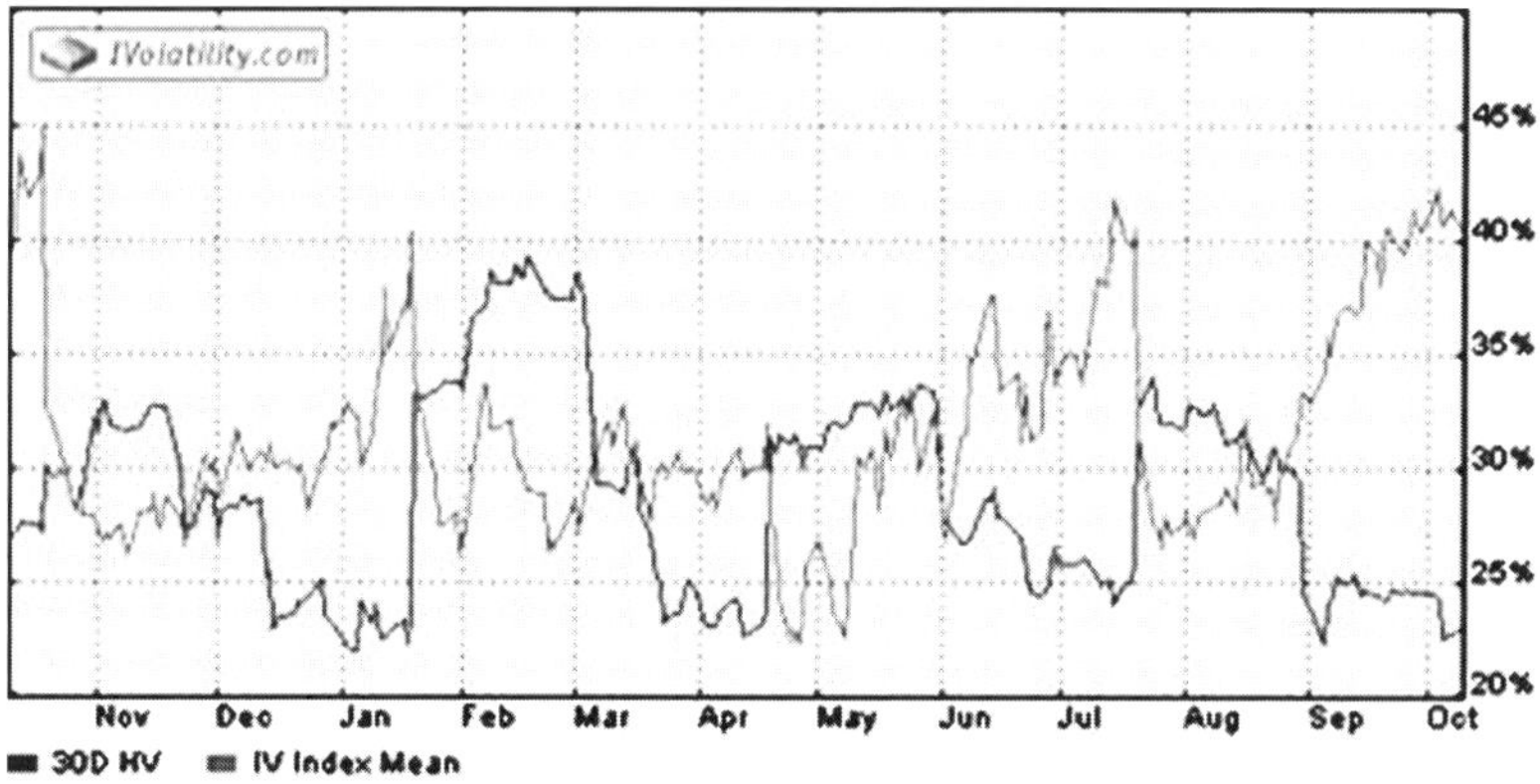

〈成功に導くオプション分析術のまとめ〉

1. スキューと呼ばれる特徴を掴む
2. 権利行使価格間のＩＶの差を知る
3. 限月間のＩＶの違いを知る
4. ミスプライスを見つける
5. ＩＶと原市場価格の動きの関係を掴む

これらはオプションにおける顕著な傾向のことですから、取引戦略を決めるための重要なポイントになります。しかも成功の確率が高い戦略を選ぶことができるわけです。この５つを把握することで、オプション取引で成功する確率がグンと上がるのです。

第5章

株式市場と
株式オプション

1. 株式投資は難しい

投資という世界に入っている方はほとんど株式売買を行った経験があると思います。もっとも身近で入りやすいこと、買いと売りしかありませんので、分かりやすいといった理由からでしょう。

ただ〝分かりやすいこと〟と〝たやすく利益を上げられること〟は、同義語ではありません。多くの個人投資家が株式市場に参入し、うまくいく人もいれば損失を出して市場から撤退してしまう人も多くいます。ただうまくいっている人でも継続的に利益を上げ続けることは簡単ではないはずです。

なぜでしょうか。難しいのです。この一語に尽きます。

株式市場は誰でもが知っている投資方法で、最も人気があります。わずかな資金で始めることもできます。しかしこの知名度の高い投資方法は大変難しいと言わざるを得ません。

私自身もプロとしてすべての市場を経験してきました。その中で株式売買がもっとも難しいと感じています。商品や金融などの先物取引やオプション取引などよりはるかに難しいと感じています。〝難しい〟と言うことはつまり〝利益を上げることが難しい〟ということです。これは本音です。

◆株式投資が難しい理由

たしかに株式の仕組み自体は、先物やオプションよりもはるかに単純で簡単です。しかし株式売買で利益を上げるには、いろいろと知らなければならないことが多すぎるのです。少なくとも次の４点が挙げられます。

1．株価の行方を当てる
2．銘柄が多い
3．個別銘柄と市場全体の関係
4．株価を動かす要因の多さ

難しい理由1

まず第１に将来の株価の行方を当てなければなりません。これは難題です。小豆や小麦の将来変動を予測するほうがずっと簡単です。

難しい理由2

株式投資を難しくさせているのは銘柄の多さです。選択に迷います。どの銘柄も似ているようで皆違っていますし、動きにもそれぞれ特徴があります。

難しい理由3

個別銘柄と株式市場全体の関係です。例えば買おうとしている銘柄がさまざまな指標などから「買い時」だと判断しても、株式市場全体の動きを表す日経225指数が「売りシグナル」を発しているなら、個別株の買いは見合わせるべきです。特に日経225に採用されている銘柄ですと、日経225が下がれば否応なくその流れに引きずられます。単に自分が買う銘柄だけを見ていればよいかと言うと、そうではありません。

難しい理由4

株価を動かす要因があまりに多いことです。例えばファンダメンタルズと言っても〝1株当たりの利益、PER、有利子負債、株主資本利益率〟等々、たとえ聞いたことはあっても、それらをどのように見てどのように判断するのか、分からないことだらけです。『四季報』などを見て、そこに書かれている内容を即座に理解し株を売買する判断材料として生かすことができますか。それには、ちょっとした会計学の知識が必要なくらいです。

テクニカル分析も同じです。株価の動きは銘柄によって異なり、それぞれ独自の動きをします。個別の株価には理論上のフェアバリュー（適正な株価）があると思いますが、その算出の仕方はさまざまでよく分かりません。つまり割高なのか割安なのかが分かりにくいのです。商品の場合は、生活の中で経験や比較などによって割高・割安を判断することができますが、株価の場合は判断する材料やモノサシが異なるのです。

このように株式について少し思いを巡らせてみると、その複雑さ、難しさに気づきませんか。

●株はもっていればいつかは上がる？

一般の投資家が、いとも簡単に株式投資を行っている背景の一つに「株はもっていればいつかは上がる」という考えがあるのではないでしょうか。

しかし東証一部上場企業で上場廃止になった企業は、１９９０年の日本株式市場バブル崩壊から現在までにどれくらいあったでしょうか。意外にも多くの上場企業の名前が消えていることに気づくでしょう。その中には、名前が消えてしまうことなど誰も想像しなかった名門の金融機関があります。北海道拓殖銀行、日本債券信用銀行、日本長期信用銀行です。他にも山一證券などの証券業、建設業など、日本経済がバブルで潤っていた時代に隆盛を誇っていた多くの名門企業がなくなってしまうなど、一体誰が想像できたでしょうか。

株式投資は一般の人が思うほど安全な資産運用法ではないのです。高度成長期のときのように株式を買って長期保有すれば儲かるという時代ではないのです。

2. 私の株式投資法

そこで「私はこのように株式投資（売買）をする」という方法をお話しましょう。

まず「株式投資は難しい」ということを前提にします。そして「儲けるのは簡単ではない」ということを認識するのです。

◆ポイント

〝できるだけ難しいことはやらない、難しいことを知ろうとしない〟ことです。

ではどうするのか。自然に任せるのです。毎年繰り返される自然の法則に従うのです。

「自然の法則って何？」「そんなことが株式投資とどんな関係があるの」と疑問に思われますね。知ってしまえば「な～んだ、そういうことか」と納得してもらえると思います。

自然がある一定の周期でさまざまな現象を繰り返すのと同様に、株式市場やオプション市場にも繰り返される事象があります。これを季節性、周期性などと呼びますが、これについては次の項で説明します。

その季節性、周期性を見つけてそれに従った戦略をとるのです。これは確率統計論になります。起きる確率の高い現象を利用するということです。

●例えば株価のデータをとってみましょう。
＊毎年、株価は何月が強く、何月が弱いか
＊過去何十年かの歴史の中で、株価の上昇は何月に集中しているか
＊同様に、株価の下落は何月に集中しているか

こんな単純なことに着眼するだけで、株式市場で利益を上げることができます。別の見方をすると、極端ですがこの他の難しいことについては知る必要がないとも言えますね。

〈私の株式投資で成功するコツ〉

＊年中売買しないこと
＊難しいことは考えず過去のデータを重視すること
＊長く保有すれば必ず上がるなどとは夢にも思わないこと
＊買い時の月と売り時の月を見極めること

ということになります。

3. アノマリー（季節性・周期性）

◆自然も人間も周期で動いている

よく「株価は上がるでしょうか」と他の投資家に聞かれたりします。そんなこと誰か分かる人がいたら、私が教えてもらいたいです。世の中には、市場や銘柄を分析する方法が数え切れないほどありますね。やれファンダメンタルズだ、テクニカルだ、米国株の動向だ等々。しかしもし確実に分かる方法があるのなら、それらの分析方法など必要ありません。

〝**明日の相場の行方は神のみぞ知る**〟なのです。

しかし目には見えないものの、確率の高い周期性というものがあります。季節性あるいはサイクル（周期性）と呼ばれるものです。

自然はある一定の周期で回っていますね。季節があり、その季節にあわせた動植物の周期があります。ほとんどの自然現象は過去にも起きていて、私たちは経験しています。人間も日々の生活の中で同じことを繰り返しています。朝起きれば歯をみがき顔を洗い朝食をとり会社にでかける。個々で多少の違いはあっても〝太陽が昇れば起きて活動し、太陽が沈めば眠る〟というきわめて規則的な生活（人間の生理現象）があります。周期を長くとってみると、週末には遊びに行ったり家族とくつろいだり。春が来れば子供が学校に入ったり、転勤があったり。周期的なイベントがあります。

どうでしょうか。1日の動き、1週間の動き、1年間の動き等々、おおよその周期で動いていますね。

その周期性を利用することは投資をする上でとても大事なことなのです。なぜなら、その動きをする確率はとても高いわけですから。朝起きたら歯磨きをする確率はどのくらいですか？ほぼ99％ですね。暗くなったら眠る確率は？ 99％以上ですね。

相場の世界にもさまざまなアノマリー（季節性や周期性）を見出すことができます。その中でも自然に沿って起きるアノマリーは確率が高いと言えます。例えば穀物相場なのです。

これについては、「アノマリーを知っていても利益を上げるのは難しい」ということも含めて後述します。

◆アノマリー（季節性・周期性）の定義

アノマリーというのは季節、周期で起こる現象（価格変動）のことです。英語でアノマリーと呼んでいますが、日本語に訳すと季節性となります。季節性と言うと、日本には四季があります

から、無意識に〝四季〟に縛られてしまう可能性があります

例えば私は月曜日から金曜日の相場の中に季節性を見出して取引をしたりしますが、１週間に季節性というと、何かしっくりこないものがありますね。

ですからこれらをまとめてアノマリーと呼ぶことにします。

ではアノマリーとは具体的にどのように定義すればよいか考えてみましょう。一応これは私の投資法における定義です。私の場合、季節ごとに繰り返し発生する価格の変動性だけでなく、月単位、週単位、数日単位で繰り返し発生する価格変動のパターン、さらに一日の中で時間ごとに発生する価格変動のパターンをもすべてアノマリーと呼んでいます。

つまり「周期性」と「季節性」を区別しないのです。特定の曜日だけに起こる確率の高い価格変動のパターンもアノマリーです。

〈アノマリーの定義〉

繰り返し発生する価格変動のパターン
←
それは季節、月、週、１日、特定曜日、特定日（例えばSQ前日）、ある条件の下に発生する価格変動パターンのこと

◆プロはアノマリーを利用して大儲けする

あるトレーダー兼アナリストが「市場の変動を支配している強烈な力は、材料や経済要因、政治要因などではなく、サイクル（周期性）や季節性だ」「これらを利用することで、トレードの技術に関係なく利益をあげることができる」と言っていました。

林輝太郎氏著『うねり取り入門』（同友館）にもアノマリーを利用する手法（大雑把に3カ月ごとの相場の上げ下げを取る手法）が述べられています。例えば日本株では、昔から「5月の連休が過ぎたら売れ」と言われていたそうです。

実は私自身も、株式市場や商品市場はこの〝アノマリー〟という強烈な力に支配されているのではないかと思っています。これはファンダメンタルズやテクニカルよりももっと大きな〝うねり〟のようなものです。ちょっと極端ですが、抗うことがむずかしい自然の力のようにも思えます。

「そんなことは言われるまでもなくよく知っているよ」と思われるかもしれません。ではそのアノマリーを利用して利益を上げていますか？ アノマリーをうまく利用して大儲けしていますか？

多くのプロはこのアノマリーを信じています。信じてそれに沿った取引を行っています。逆の言い方をすると〝多くのプロがアノマリーに沿った取引をするので、無視することができない〟

とも言えます。そうして結局プロの中にはアノマリーを利用して大儲けしている人が多いのです。

ぜひ読んでいただきたい本があります。

「STOCK TRADER'S ALMANAC 2005」
(John Wiley&Sons.Inc 刊)

日本語名では「株式投資家年鑑２００５年」です。この資料には１９３１年から現在までの米国株式市場の動きが統計的に記されています。『新マーケットの魔術師』にも登場しているビック・スペランディオが、ある一定の時期をこの資料だけで食べていたというのもうなずけます。

非常に面白いです。今までこの資料の存在を知らなかった方はとても残念に思うでしょう。

もう一冊ジャニュアリー・エフェクト（January Effect）という本があります。タイトルのとおり、**〝毎年1月の相場は、その年全体の株式相場を占う上で非常に重要である。特に1月の最初の5営業日が重要だ〟**と言っています。

これを２００４年に当てはめると、２００３年末～第5営業日（２００４年1月8日）までの５日間で株価（Ｓ＆Ｐ５００）は1.8％上昇していました。その年の米国株価は全体的にレンジ相場であったものの、結局8.9％上昇しました。

これらから分かることは、米国株式市場は最も弱いのが10月です。株価が暴落するのは決まって10月なのです。理由はよくわかりませんが、とにかく10月は要注意です。１９２９年の金融恐慌につながった米国株式市場の大暴落も10月でした。１９８７年のブラックマンデー（暗黒の月曜日）も10月です。

株式投資は株価が安いときに始めて、高いときに売ることが基本ですから、1年のうちで株式投資を行うのは10月の後半から11月にかけて、ということになりますね。それから12月のクリスマスにかけての株式市場はその強さが続く傾向にあります。さらに翌年の1月も、確率的に株式市場は引き続き強い傾向にあると言えます。

ではこの株式市場はいつ弱くなるのでしょうか。株価は1年中上がり続けることはまずありえません。この強さも4～5月には息切れするでしょう。そのために、5月は株式市場がいったん弱まる傾向にあるのです。つまり5月は株式の売り時なのです。日本なら、ゴールデンウィーク後に株式市場が弱まる傾向にあります。

◆株式市場の1年サイクル

これらをまとめると米国株式市場には以下のようなアノマリーがあると言われています。

株式市場の1年のサイクルに合わせせると、

――11月に株式投資を始めて4月に投資をやめる

というパターンが効率がよいと思われます。

リスト１

＊5月～10月は株式投資を控える
＊最も悪い月は9月～10月
＊8月あたりからは空売り（プット買い、後述）で9月の安値に向かって仕掛ける
＊株式投資（買い）は9月か10月の安値から始める
＊11月、12月、1月がベスト（株は上昇トレンド）
＊年末から4月までの間に売却
＊5月にピークをつける傾向が強い

しかしリスト１は株式売買の１年周期です。オプションでは原市場としての株式市場がありますから、このアノマリーを利用したオプション取引手法を使うことになります。

当然ですが１００％この通りに起こるわけではありません。サイクルにもさまざま要因でズレが生じたりします。それでもアノマリーを知っているのと知らないのとでは大きな違いが出てきます。まず戦略の立てかたが違ってきます。リスク管理の構え方も違ってきます。それらは勝率に大きな影響をもたらすわけです。

このリスト１はよく覚えておくと必ず役に立つと思います。いえ役に立つどころか利益につながるのです。

◆アノマリーを取り入れた戦略

あくまでも目安ですが、サイクル的なことがよくわかってくると戦略が立てやすくなります。先物トレーダーとして有名なラリー・ウィリアムズ氏の著書『The Right Stock At the Right Time』によると、氏は株式において長期にわたって実証されているアノマリーを利用しているようです。

＊「毎年2で終わる年からその翌年にかけて買いチャンスがある」

＊また「8で終わる年もチャンス」

などと述べています。

例えば1982～1983年、1992～1993年、2002～2003年、1988年、1998年、2008年などがチャンスというわけです。これらの年はベア（弱気相場）が終わっている年です。

さらに先ほど述べた10月効果についても言及しています。10月は株価が安くなるので、チャンスだというわけです。この10月効果と買いチャンスの年を合わせると、さらに大きなチャンスになりますね。ちなみに氏も前述した「STOCK TRADER'S ALMANAC 2005」の読者です。

◆アノマリーを知っていても利益にむすびつかないのは？

すでにアノマリーという概念を知っている方も多いと思いますが、そのアノマリーを使って利益を上げられているでしょうか。

実は知っていても利益に結びつかないという人が多く、なぜなのか考えてみたいと思います。

例えば穀物相場では

〝春の需要期に価格が上がり、秋の収穫期には価格が下がる〟

という典型的なアノマリーがあります。小豆の売買でも「秋に買って翌年の春に売れ」とよく言われています。これは需要と供給の関係ですから、ほぼ間違いなく起きるアノマリーです。つまりこれらは多少のズレがあったとしても予測可能なわけです。利用しない手はありませんね。

それなのになぜ利益を上げられないのでしょうか。

〝なぜ商品相場でうまく利益を上げられない〟のでしょうか。それは「自然の周期性を最も生かせる商品相場」と言うより、「先物のもつ商品性（レバレッジ）」に人間の欲と恐怖が株式以上に絡んでくるからです。

つまりちょっとした時期のズレ、相場のアヤ、思惑のズレなどから〝一時的に（含みで）発生する莫大な損害に対しての恐怖感〟に耐えられなくなるからだと思います。

必ず価格は下がると知っていても、ちょっと時期が遅れたりすると「まだ下がらない。ひょっとしたら今年だけは何かの理由で下がらないのではないか」「もし下がらなかったら、どれだけの損失になるか」と不安でいっぱいになってしまい、もち続けることができなくなってしまうのでしょう。

確かにアノマリーは耳で知ってはいても、実際に自分が経験してこないと「その周期性が今年も本当に来るのか、あるいは今回もその価格変動パターンが本当に起きるのか」を信じることがむずかしくなります。

そういう意味では、アノマリーを知り自分で検証しながら確認していくしかありませんね。

◆アノマリーはあくまで目安

アノマリーにはさまざまなパターンがあることをお話してきましたが、これはあくまでも〝起きる傾向がある、起きる確率が高い〟というだけのことであって、必ず起きるというものではありません。

穀物相場の場合などは確率は高いですが、アノマリーを信じすぎて、リスクの高いやり方を続けるのは避けたほうがよいと思います。

またアノマリーに合わせて仕掛けるときはじっと待ち構えて、テクニカル、ファンダメンタルも確認しながらタイミングを計ります。先ほどのラリー・ウィリアムズ氏の見つけたアノマリーを同時に考えれば確率が高くなるのと同じように、ただ単にアノマリー性だけで仕掛けるよりは、他の要因も同時に加味したほうがさらに〝確率が高く〟なるのは当然ですね。

アノマリーの成功の確率は高いとばかりに、それだけで突進してはいけないということです。また仕掛けどころ、仕舞いどころも重要なポイントですから、多角的な視野に立って判断することが大事なことは言うまでもありません。

◆株価の規則性

「マーケットの魔術師」に出てくる人たちはマーケットが決してランダム（行き当たりばったり）には動いていないと異口同音に言っています。

過去の株価変動の記録をよく観察すると、株価変動は決してランダムではないということが本当によく分かります。つまり規則性があることを理解してある程度注意を払っていれば、１９８７年のブラックマンデーの暴落の波さえ被らずに済んだはずなのです。

●株価は意思をもっている？

私はときどき〝株価は自分の意思をもって動いている〟と感じることがあります。株価を動かしているのは、自然でも神でもなく株式投資参加者ですから、結果として株価が彼らの集合意識ということになりますね。そう考えると当然といえば当然なのかもしれません。

これを裏づけすると思われるのが、〝株価の動き〟の英語表現です。株価はトレンドを形成しますね。この動きのことを英語では

「Stock Price Behavior」と言うのです。

Behavior には「（生物の）行動、習性」といった意味があります。トレンドをこのように表現するのも英語らしく絶妙ですね。

●規則性とは

では規則性とはどんな規則性なのでしょうか。

チャートにおいてはY軸（株価）ばかりを見るのではなく、X軸（時間）にも目を配ってみましょう。相場を三角関数に例えるなら、時間（X軸、コサイン＝X座標）が重要になります。学校で習った三角関数を思い出してみてください。位置は（X，Y）座標で表されますね。これは（X，Y）＝（COSθ,SINθ）になります。

これを押さえれば、三角関数のあらゆる方程式は簡単に覚えられるのです。三角関数は360度1回転のサイクルですが、90度ごとに波があるわけです。相場と似ていますね。コサイン（COS）もサイン（SIN）もサイクルで動いています。これはそれぞれ2乗して足せば価値は1で常に一定です。円の方程式になります。もちろん相場はこのように単純で一定しているわけで

はありませんが……。

ちょっとむずかしい話になってしまいました。ポイントは**「株価の位置は、株価の水準と時間の経過数で決まる」**ということなのです。

正弦定理とか余弦定理、確率のPermutation（順列）、Combination（組合せ）などのサイクルの考え方を知っていると、この考えにスムーズになじめると思います。

では「株価の位置は、株価の水準と時間の経過数で決まる」と考えていくと、株価は決してランダム（行き当たりばったり）に動いているわけではないという気がしませんか。つまりある程度合理的に将来の動きを推察することは可能だと思うのです。

「一定のレンジを抜けた場合、株価は次にどこを目指して上がるのか下がるのか」といった目安は必ず存在します。

この動きをきちんと捉えれば利益を出すことは可能なのです。自分の取るポジションの裏づけを考えることは大事なことです。

◆テクニカルの活用

株式投資において、テクニカル分析を大きな分析ツールと考えている方が多いと思います。

前述したように私自身は株式市場を見る上ではアノマリーを基点にしていますが、前述の株価の規則性を加味すれば、確率はさらに高くなりますね。そういう意味ではテクニカル分析も二義的なものとして利用することができます。

つまりテクニカルだけでトレードをすることは危険です。これらは「確認」の意味で二義的に使えばよいと思います。

例えば、MACDなどのテクニカル指標もトレンドが合っていればその通り「シグナル（目安）」として使えると思います。私もときとして、確認の意味でストキャスティクスなどの指標を使ってトレードすることがあります。

チャート分析で有効に使えるものは「トレンドライン」です。その次に使えるのは移動平均線。残りの指標は確認程度で使えば、裏づけに大いに役立つのではないでしょうか。

プロが教えるオプションの魅力

――アノマリーは無視できない大きなうねり――

アノマリー（季節性・周期性）は「明日の相場がどうなるか分からない」という前提に立ったとき、成功する可能性が高いという確率において信頼できるものです。もちろんこれだけで利益を上げられるほど単純ではないものの、注目すべきツールと言えます。

アノマリーで確率の高い手法を選び、さらにテクニカルで確認すれば、成功の確率はより高まりますね。

このように投資で勝つには、偶然やまぐれに頼るのではなく、確率を重視することが大事なのです。そして確率を高める二義的要素としてファンダメンタルズやテクニカル分析を加味するということです。きわめて論理的で合理的ですね。

第6章

アノマリーを利用したオプション取引の実例

1．アノマリーを使った取引

ではこれまで説明してきたアノマリーをどのように使うのか、検証していきましょう。**図表6－1**を見てください。チャートは2003年1月22日～2003年5月19日のDIA（ダウジョーンズ連動型投信）です。これらは私が株式や株式オプションでよくトレードする好きな銘柄です。

◆アノマリー〈金曜～月曜日〉パターン

私が短期トレードでよく行うアノマリーに〈金曜～月曜日〉パターンがあります。金曜日の引けにかけての相場の強弱を見て、

●弱そうだと判断すれば売り（空売り、先物売り、プットの買い）、月曜日に買い戻す（プットは売却）
●強そうだと判断すれば買い（株の新規買い、先物買い、プット売り）、月曜日に反対売買をする

図表６-１　ダウジョーンズＤＩＡ（４カ月）

全体の相場の流れを見るために4カ月間のチャート（**図表６-１**）を掲示していますが、実際に仕掛けたのは金曜日で、翌週の月曜日には決済します。このアノマリーは、過去においては比較的確率の高い戦法の一つでした。週の最後である金曜日が安ければ、月曜日までそれを引きずるというものです。

〈状況判断〉

ダウジョーンズ連動型投信のＤＩＡは、５月16日（金曜）に高値８７・１０ドルから大引けにかけて86ドル台に下げました。それまで上昇トレンドが継続してきたこともあり、この下げはショート（空売り）のチャンスだと感じました。

〈仕掛けと決済〉

そこで、８７・１０ドルをストップロス（損切り）ポイントにして、大引け値８６・４９ドルで売りました。翌月曜日（５月19日）には、思惑通り株価は下がりました。８４・５０ドルで買い戻し利益を得ました。

図表6-2　ＩＢＭ（4カ月）

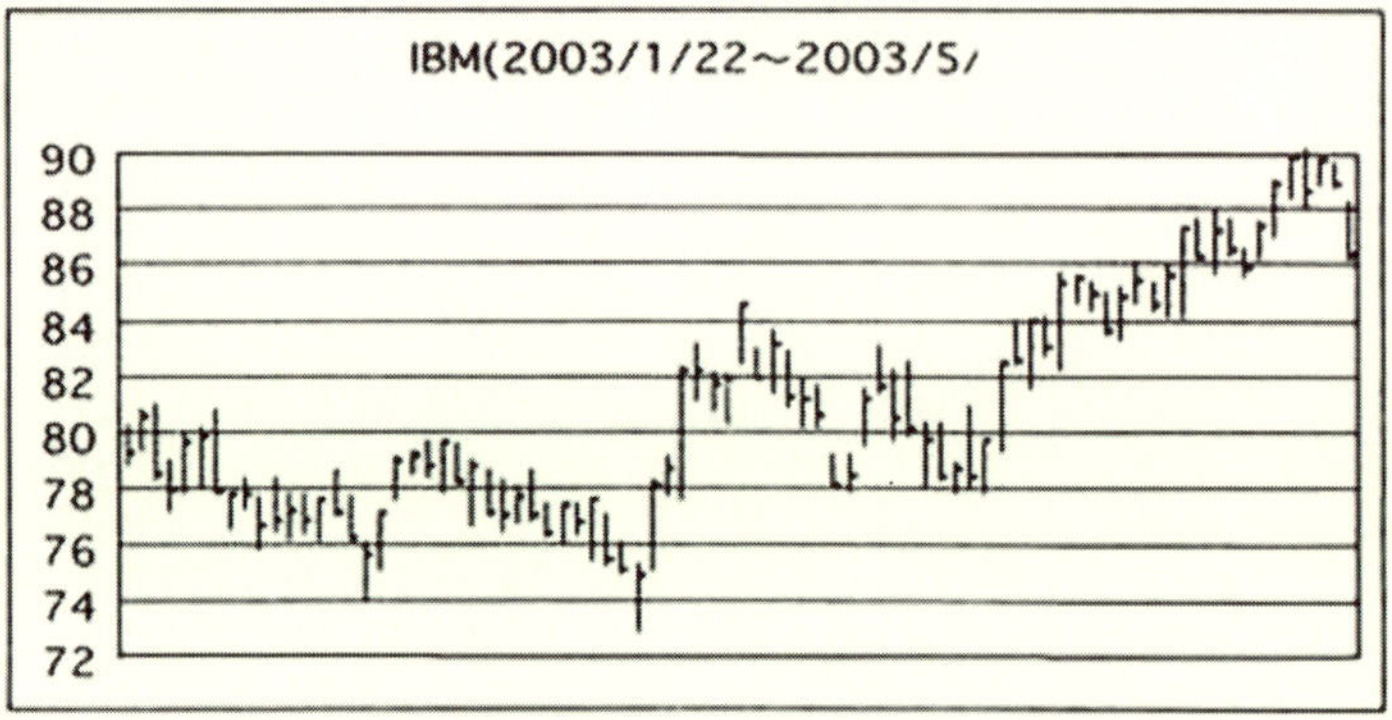

ＩＢＭのケース

上記の**図表6－2**はＩＢＭの4カ月チャートです。

〈状況判断〉

ＩＢＭに関しては、ＤＩＡと同じような状況の「金曜～月曜日効果」が見込めるだけでなく、ほかのパターンが重なって目先天井だと思ったからです。他の要素も加われば確率的に高くなりますね。

〈仕掛けと決済〉

最悪の場合はプレミアム（オプション価格）すべてを捨てるつもりで、損切りなしで、85ドル（権利行使価格）プットを買いました。結果はチャートで分かるとおり利益になりました。

図表 6-3　金曜〜月曜日アノマリー

金曜日下落 ➡ 週末に専門家の発言 ➡ 月曜日ひきずって下落

▼

その後相場が崩れる確率が高い

〈金曜～月曜日アノマリーのポイント〉

●株式市場では月曜と金曜が週の中で最も大切な曜日です。特に月曜が重要なのは、週末の出来事や前週までの相場に関する専門家の意見・分析、政治家の発言などが次の週に反映されるからです。

●金曜日に相場が下落し、翌週の月曜にその影響をひきずって相場が弱い場合は特徴があります。こういうケースでは統計上、相場がさらに崩れる確率が高いのです。

図表6-4　ナスダック指数QQQQ（4カ月）

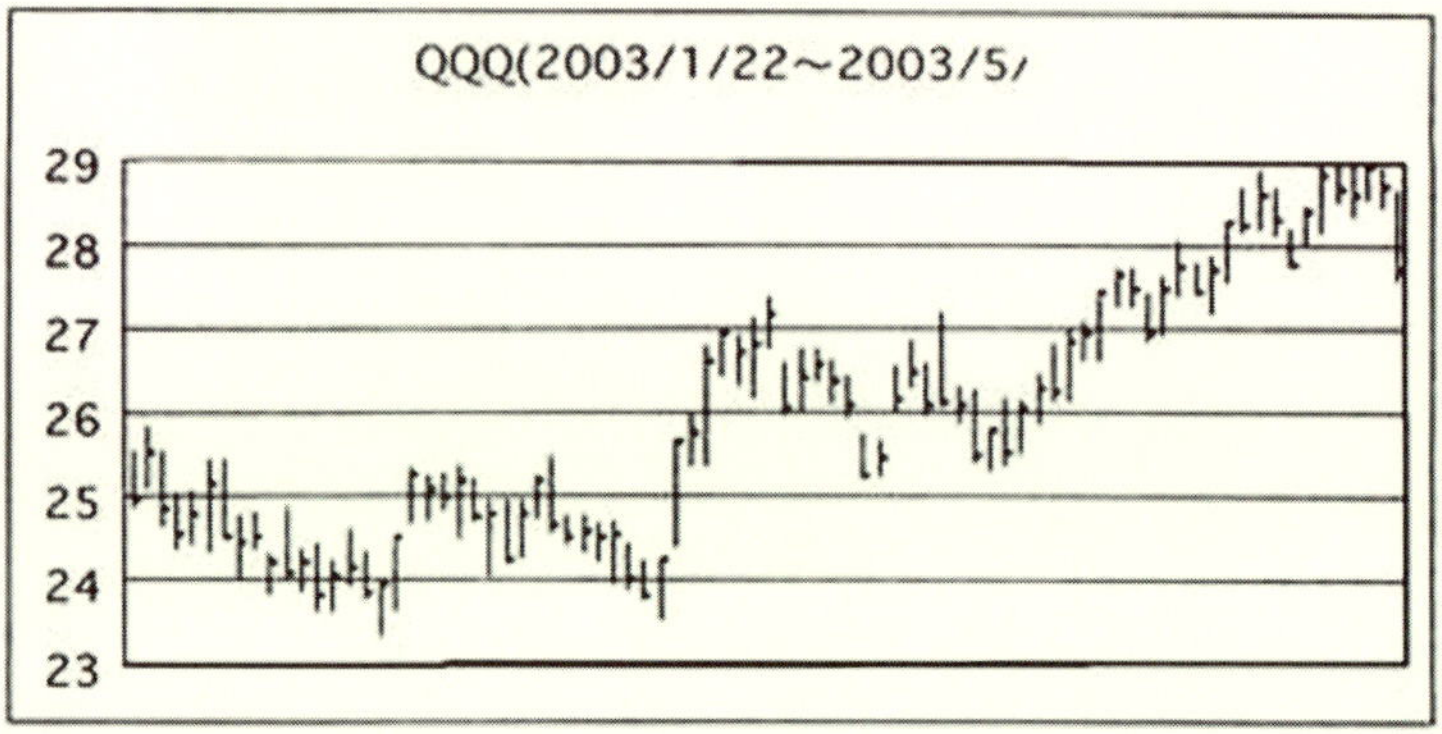

図表6－4はナスダック指数QQQQです。これもIBM同様に金曜~月曜日パターンで利益が出ています。

このようにアノマリーというのは、見つけようと思えばかなり見つかるものです。それを検証して確率を測れば、自分なりのアノマリーによる高い確率の投資法があるということになりますね。

また前章でお話したようにいくつかのアノマリーを重ねれば、さらに高い確率が得られるわけです。

2. 穀物のアノマリーを使った取引

最も分かりやすいアノマリーは穀物相場です。周期と言うより自然の法則に従った季節性ですから、裏切られることがほとんどないのです。私自身は細かな動きについてはそれほど詳しくありませんが、大雑把な動きと大雑把な価格帯を掴んでいるだけで十分に利益を上げています。

穀物の価格のレンジには限界があります。よほどのことがない限り常識的な価格で推移します。ただ最近は温暖化のためか自然現象が変化しつつあるので、断定的なことは言えませんが、大きな自然の異変がないかぎり問題はないと思われます。

図表６－５をごらんください。シカゴ大豆の１９９９年から２００３年８月までの価格の推移です。

〈季節性〉

秋に安くなる傾向があります。つまり収穫期は供給が需要を上回りますので価格が安くなるわけです。

図表 6-5　シカゴ大豆（1999 ～ 2003 年8月）

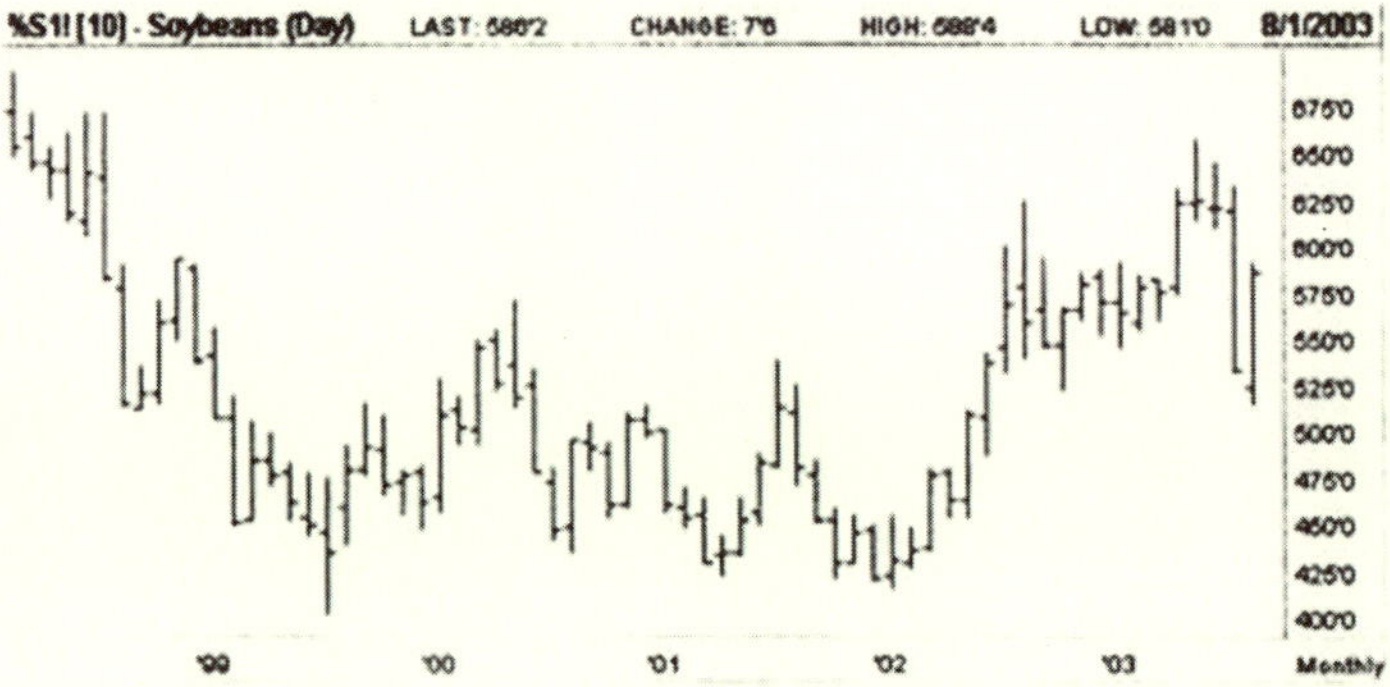

〈価格帯〉

価格のレンジは大雑把に4～7ドル以下と限られていますね。

これらの基本を押さえて、先物において無理な建て玉をしなければ常に勝てます。あとは相場の予測とはまったく関係のない「建て玉法」の問題です。それを間違わなければいつも美味しい相場となります。

3. ＩＶ（予想変動率）のアノマリーを使った取引

季節性は株式や商品先物だけではなく、オプションのＩＶ（予想変動率）の動きにも認められます。

図表６－６はシカゴ・コーンのＩＶの変化を示しています。

これを見ると明らかなように、毎年夏になるとＩＶが大きく上昇します。これは「天候相場によって価格の変動がより大きくなる」と市場が予想するからです。

私は、オプションにおいては毎年この季節性を利用しています。ＩＶが高くなるわけですから、当然仕掛ける戦略は「オプションの売り」になります。しかもコールの売りです。

ＩＶが高くなる→相場変動が高い→プレミアムの上昇

となりますね。この穀物のプレミアム（オプション価格）が上昇する要因は季節性です。つまり季節が過ぎれば下がるということです。

⇓だから売り戦略をとるのです。分かりますね。

図表6-6　シカゴ・コーン（2003～2006年7月）

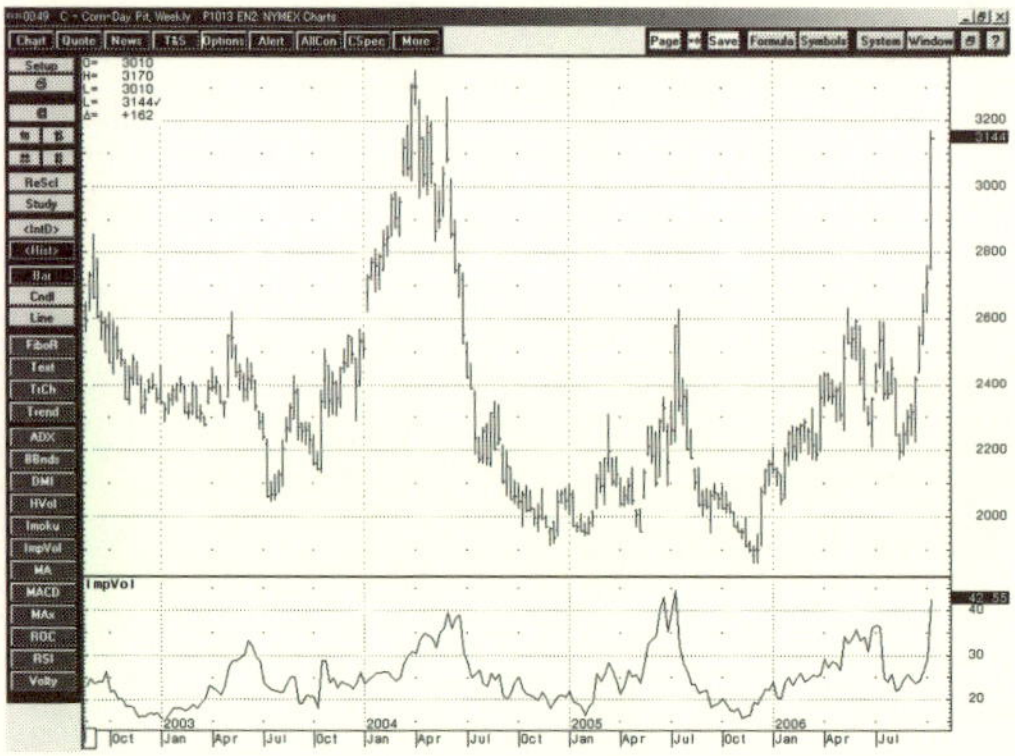

――高くなったプレミアムは払う（買う）のではなく、受け取る（売る）のです。

さらに何を売るかと言えば、原市場の価格は季節が過ぎれば下がるワケですから、〝コールを売る〟のです。そして高いプレミアムをいただくのです。

ＩＶ（予想変動率）のアノマリーを使って
〈コールを売る戦略〉

＊ＩＶの動きだけなく原市場である先物価格の動きも見ます。

＊先物が上昇してきたら、その先物価格よりさらに高い権利行使価格（ＯＴＭ）のコールを分割で売っていくのです。

＊夏場はコールの価格に異常な高値がつきます。それも数回程度ではありません。それほど天候相場の「盛り上がり」を市場は期待しているのでしょう。しかし多くの場合、そのようなコールの高値はすぐに剥げてしまいます。

プロが教えるオプションの魅力

――毎年の儀式にはかならず参加しています――

このシカゴ・コーンのアノマリーはまるで毎年繰り返される儀式のようです。穀物の周期性ですから、よほどのことがない限り、同じように推移していきます。

そして私は毎年欠かさずその儀式に参加して利益をとるのが大好きです。

第7章

先物市場と先物オプション

◆先物やオプションの魅力

個人投資家にとって先物やオプションの魅力は、何といっても少ない資金で大きな取引ができるという「レバレッジ性（てこの原理）」にあります。また上げ相場下げ相場いずれの局面でも、相場変動に合わせて取引できるというメリットもあります。

株式売買にも「空売り」という手法がありますが、ヘッジとして使われることはあるものの、多くの個人投資家は〝上げる局面で利益をとる〟いうやり方が一般的だと思います。

しかし何度も述べているように、上げ相場だけで利益をとるやり方はかなり難しいのが現状です。

そういう現状を考えたとき、いずれの相場変動にも対応可能である先物やオプション取引は、株式投資にはない大きな魅力と言えるわけです。

※レバレッジというのは「てこの原理」のことです。金融においては「少ない資金（担保金＝証拠金、保証金）で大きな取引をすること」です。

1. 先物って何？

〝先物〟と聞いて真っ先に何を思い浮かべますか。

小豆、大豆、トウモロコシなどの穀物、金や白金の貴金属、ガソリンや灯油などのエネルギーなどでしょうか。実は他にも、株価指数先物（日経平均先物など）や債券先物（日本国債先物など）あるいは短期金利先物（ユーロ円やユーロドル）などがあります。

海外では実にさまざまな先物が取引されています。

ところが日本では、監督官庁の違いもあって、

●非金融（穀物、貴金属、エネルギー等）が原資産である先物

●金融（株価指数、債券、短期金利等）が原資産である先物

に区別されています。区別されていても、先物は原資産に関係なく仕組みは同じです。すべて金融派生商品です。

先物によっては現物の受け渡しを伴うものがありますが、基本的には大豆先物だからといって大豆そのものを取引するわけではありません。あくまでも大豆の価格を基にした数字の取引です。売り買いによって資金の決済が行われるだけです。

2. 先物がもつ負のイメージ

先物の種類については先に述べたとおりですが、〝先物〟という言葉には暗い〝負のイメージ〟がついています。

「先物で大損した」「先物で一夜にして破産したらしい」等々、〝一般の個人投資家は手を出してはいけない怖い世界〟というイメージがついています。どうでしょうか。そのように感じていませんか。

では先物取引がハイリスクであるという認識はいったいどこから来たのでしょう。

それは先に述べたように先物のもつ「レバレッジ性」という特徴にあると思います。資金が少ない個人投資家にとっては、少ない資金で投資に参加できるのですから、レバレッジ性は大きな魅力の一つです。しかしうまくいった場合にはこんなに素晴らしい方法はないと思いますが、逆の場合はどうでしょう。

図表 7-1　先物取引の仕組み

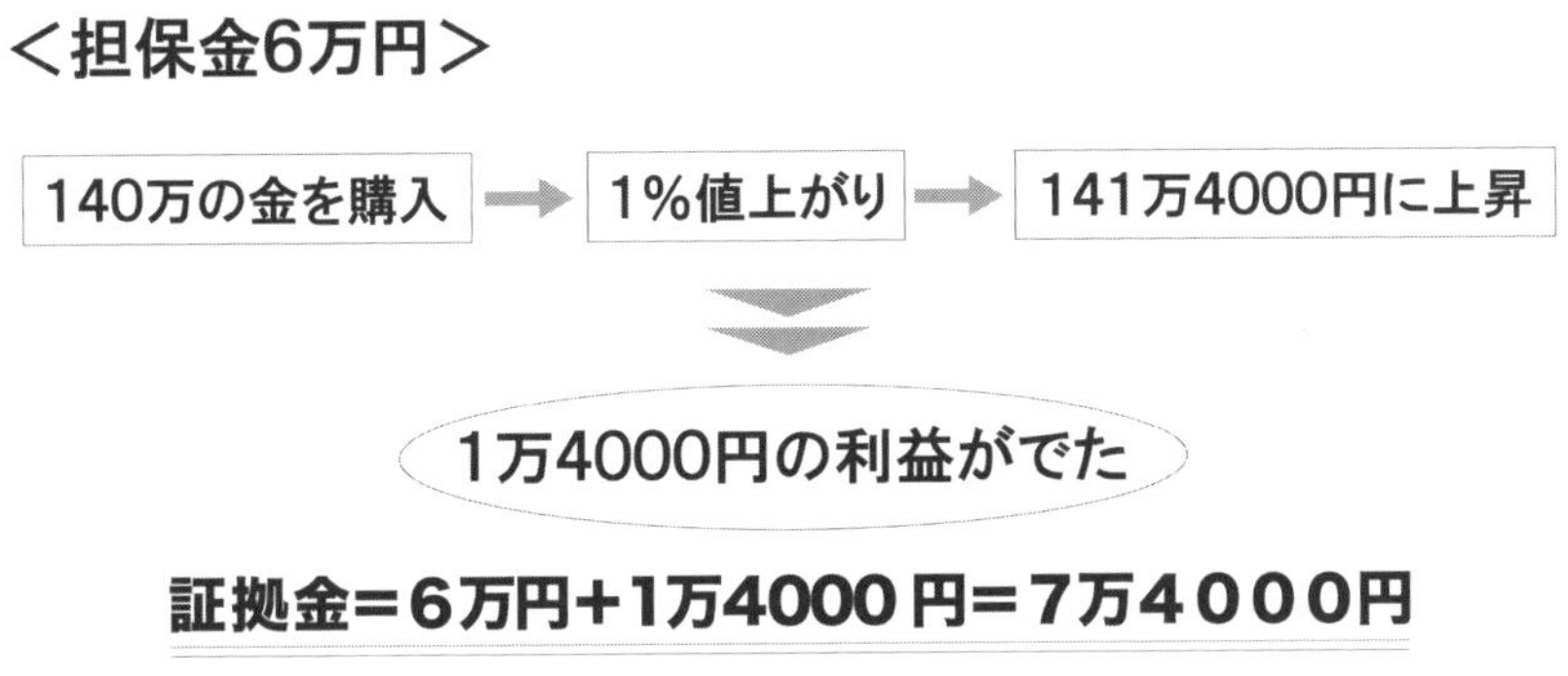
＜担保金6万円＞
140万の金を購入
1％値上がり
141万4000円に上昇
1万4000円の利益がでた
証拠金＝6万円＋1万4000 円＝7万４０００円

◆レバレッジ性（てこの原理）

例えば、金の価格が現在１４００円／gとします。

金は１０００グラムを最少単位（＝１枚、先物取引の数量は１枚、２枚というように枚数で数える）に取引されますから、最少単位の実際の金額は１４００円×１０００グラム＝１４０万円になります。

現物で買うなら１４０万円が必要になりますね。ところが先物では実際の現物の受け渡しにかかる金額ではなく、担保金（証拠金）を預けることで取引ができるのです。

金の先物の場合は、最少取引に要する担保金は６万円です。**図表７－１**を見てください。金が１％上がると１万４０００円の利益が出ます。

つまり６万円が７万４０００円になったのです。では何％の利益が出たことになるのでしょうか。23％の利益率です。

金の価格は１％しか上がっていないのに、証拠金は23％も利益が得られたわけです。これがレバレッジ性です。

しかしこれは上昇したケースです。逆に下がった場合も同じことになります。つまり1％の下落で証拠金は23％減少するわけです。この原理は他の日経225先物や金融取引でも同じです。どうでしょうか。どのように感じますか？　上昇したことを考えるととても魅力的ですが、下がったときのことを考えると、やはり怖い気がしますね。ではどうしたら先物で怖くないような取引ができるか考えてみましょう。

◆先物のリスクを軽減する方法

大怪我をせずにレバレッジのおいしさを味わうにはどうしたらよいでしょうか。総代金を用意するのです。なぜ先物が怖いかと言うと、実際に資金がないのに大きな取引をするからですね。うまくいけば成功ですが、失敗した場合には実際にもたない金額の損失になるのですから、場合によっては破産もあるわけです。

ですから万一の損失の場合でも対処できる金額の範囲で先物取引を行うのです。うまくいけば先物のおいしさを堪能できますし、もしうまくいかなかったときでも、それほど恐れることはないわけです。

つまり運用を行うときに、あまり自身のもつ資産とかけ離れた金額の取引を行うということは、避けたほうがよいのかもしれません。

　では総代金を用意して金（ゴールド）と日経２２５の取引を想定してみましょう。先物を現物代金に換算し、その金額を用意します。

〈金（ゴールド）先物〉

　＊金先物価格が１４００円とすると
　＊証拠金は６万円です。

　しかし６万円だけを用意するのではなく、総代金の１４０万円を用意します。そして先物を１枚買い建てます。

〈日経２２５先物〉

　＊現在の日経平均先物の価格が１万５０００円であれば総代金は１５００万円（１万５０００円×１０００倍）ですね。

　その金額を用意します。日経平均株価指数の構成銘柄２２５種類（現物株）を１００株ずつ（通常単位株の10分の１）購入するつもりで先物を買い建てるわけです。

　どうですか。このようにして先物取引を行うなら、余裕をもって臨めますね。本書の随所で述べていますが、成功のためには適切な判断が必要であり、適切な判断には冷静さや余裕が大切な要素となります。冷静さや余裕は実際の経験から得られますが、さらに先物取引やオプションの売り戦略などのときには、資金力が重要な鍵となるのです。余裕がなければそれは不安となり不安が増大して恐怖へと変わるのです。

ですからこれらのことを認識した上で先物取引を行えばよいのです。

〈先物取引をするに際して〉

証拠金だけしか持たない人が、単純にレバレッジ性に期待して取引すると大変なケガをすることになります。

自分の資金の範囲内で先物取引に臨めば、不必要な恐怖心をもつことはなくなります。

3．先物オプション

先物オプションは、株価指数先物、債券先物、短期金利先物、通貨先物、原油先物、大豆先物等先物市場を原市場とするオプションのことです。株式オプション等の現物オプションと基本的な仕組みは全く同じです。違いは原市場が現物ではなく先物であるということです。したがって先物オプションを取引するには、前述した先物の仕組みの理解が不可欠です。

◆有利な点不利な点

【有利な点】

＊売り戦略に必要な証拠金が少ない↓レバレッジ率が高い

【不利な点】

＊コモディティ市場はピット取引なので便利性に欠ける

＊コモディティ市場は多くの銘柄において流動性が薄い

図表7-2　Tボンド（米国債券）先物価格とＩＶ

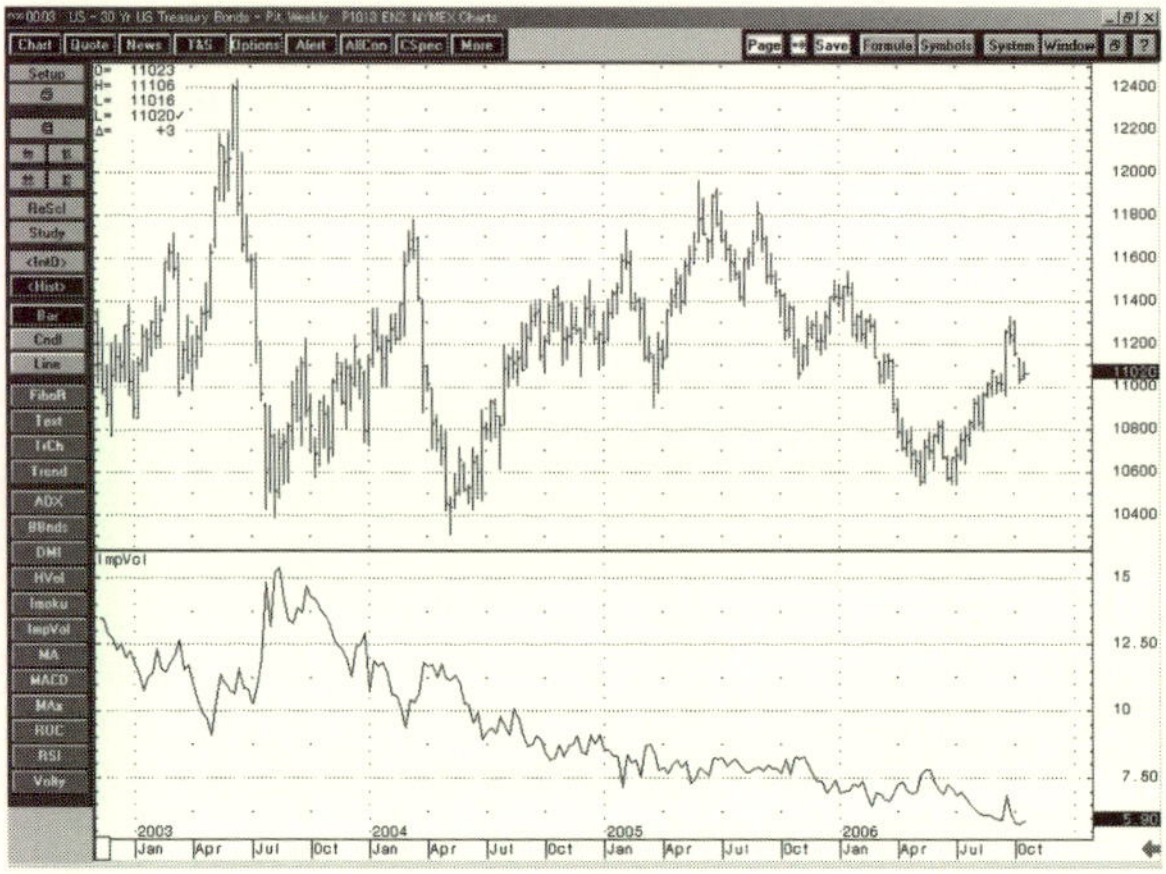

実践家にとって先物オプションの有利な点は、「売り戦略」に必要な証拠金比率が現物オプションと比べて小さいことです。そのために「レバレッジの率」が高く、得られる利益は大きいもののリスクも大きくなるので注意して取引する必要があります。

一方不利な点としては、コモディティ（商品先物）・オプションについては特に流動性が全般的に薄いことです。またピット取引が中心で、現在のところ電子取引に移行していない状況です。

債券オプションや短期金利オプション、コモディティ・オプションについては現物オプションがなく先物オプションしかありません。ですから、これらのオプションを取引するには先物オプション以外に選択肢がないのです。一方株価指数オプションについては現物オプションが存在するので、無理にレバレッジ率の高い先物オプションを取引する必要はないでしょう。

それらの先物オプションについての取引例については

第８章「オプション倶楽部の投資法」で取り上げていますので参考にしてください。また代表的な先物オプション市場の価格とＩＶの推移を表したチャートを掲げますので、ご覧ください。

図表 7-3　ユーロドル（米国短期金利）先物価格とＩＶ

図表 7-4　ユーロ通貨先物価格とＩＶ

第8章

オプション倶楽部の投資法

この章では分かりづらい表現等があると思いますが、それらの詳しい内容等については以下の図書をご参照ください。

「最新版　オプション売買入門」（パンローリング刊）
「最新版　オプション売買の実践」（パンローリング刊）

◆オプション倶楽部の投資法とは

ここまでお読みになってオプションがいかに優れた投資法であるかお分かりいただけたと思います。しかし優位性などを理解できてもいざ取引に臨むには、基本の下で経験を積む必要があります。そういう個人投資家の方々のためにオプション倶楽部は誕生しました。（主催はパンローリング）

この章ではその倶楽部の内容を、具体例を入れてお話したいと思います。オプション倶楽部では、ただ単純にオプション取引を推奨しているわけではありません。第4章で述べたように、オプションには他の取引にはない優位性があります。（まだ優位性について理解できていない方は、

ぜひもう一度第4章を読み返してください）

オプションでも株式投資や先物と同じやり方で取引することができます。しかし同じやり方でやるなら、何もわざわざ新しい概念を覚えてまでオプション取引を始める必要はありませんね。慣れているそれらの市場で頑張ればよいと思います。

もしオプション取引を学んで継続的に利益を上げ続けたいと思われるのであれば、ぜひオプション倶楽部の投資法を学んでいただきたいと思います。

なぜならオプション倶楽部では、第４章に掲げたオプション独自の優位性を利用した取引を行っているからです。それが何を意味するかお分かりですか。

それは

〝勝つか負けるか分からない取引ではなく、勝つ確率の高い取引を行う〟ということなのです。

◆オプションは株式や先物とは異なるゲーム

もしすでに拙著を読まれたことがある方や、オプション倶楽部の会員の方なら、「耳にタコができたよ」「もう聞き飽きた、そんなことは百も承知だ」とおっしゃるでしょう。

毎回ことあるごとに何度も繰り返しているセリフです。でもまた申し上げます。

――オプションは株や先物とはまったく違うのです

なぜこんなに何度も申し上げるかというと、オプション取引の実践家の多くが株式投資などの残像を抱えたままオプション取引を行っているからです。オプションの買い戦略にせよ売り戦略にせよ、原市場（相場）の変動だけで売買を判断してはいけないのです。

◆売り戦略のワナ

売り戦略のワナにはまってしまっている投資家の行動を見てみましょう。

＊マーケットが下げそうだからコールを売る
＊マーケットが上がりそうだからプットを売る
＊レンジだから〇〇（数字）の権利行使価格のコールとプットを売る
＊何日までに〇〇（数字）まで相場が届きそうもないのでコールを売る
＊あるいはプットを売る

どうでしょうか。このような思惑で売り戦略の取引を行っていませんか。このような目先の単純な売り戦略を繰り返していれば、いずれ遠くない将来、相場の波をかぶって破綻する可能性が高いと言えるでしょう。

リスクを甘く見てはいけません。どんな市場でもそう簡単に儲かるわけはないのです。必ずリスク管理が必要になります。

【オプション取引を行う上でのリスク管理】

1. ポジション・サイズ
2. 市場にさらしているリスクの水準
3. 相場の方向性のバイアス
4. レバレッジ
5. 損益の変動
6. 許容できる最大損失の水準
7. 突発的イベントからの保護等について考慮すること（詳しくはＮＯＰＳの項目で述べます）
8. ボラティリティを無視しない（これは最も重要な要素です）

1．買い戦略　ＯＰＳ

ＯＰＳはコールとプットの両方を買う戦略です。第4章「オプション取引のための分析」でいくつかお話したように、利益をとるためのさまざまな手法がありＯＰＳもその一つです。

◆オプションでは買いが有利？それとも売りが有利？

オプションに関する議論でよく聞かれるのが「オプション取引は買い戦略が有利か、売り戦略が有利か」ということです。結論を言えばどちらが有利か不利かというのは状況によります。オプション取引を経験した個人のアマチュアトレーダーの中では、「オプション買いは圧倒的に不利である。売り戦略のほうが圧倒的に有利である」と考えている人が多く、実際に売り戦略だけで取引をしている人が多いのが事実です。

しかしそれは誤った考えです。〝買い戦略が売り戦略に比べて圧倒的に不利だ〟などということは断じてないのです。

◆多くの個人投資家がもつ誤解

多くのオプションの買い手が損失を出しているのは事実です。しかしそれは誤った考え方と誤ったやり方で取引をしているからなのです。プロから見ると個人投資家の買い手の多くは、オプション売り手にとって恰好の餌食となるやり方を行っているのです。

それは餌食になるような状況、対象物、限月、権利行使価格を選択しているということです。そのように餌食となってしまう買い手が多いことを考えると、オプション売り手の方がずっと慎重に取引に臨んでいるように思われます。つまり買い手側は〝いとも安易に買いを入れてしまう〟とも言えるのです。

その理由に〝買いは損失限定・利益無限大〟ということがあると思います。売り手側に立てば〝売りは利益限定・損失無限大〟ということですので、より慎重な判断を行っているとも言えるかもしれません。

◆売り手に不利な状況や対象で仕掛ける

では餌食とならないようなオプションとはどんなオプションでしょうか。つまり売り手が嫌がる、売り手にとって不利なオプションということになりますね。

〈売り手が嫌がるオプション〉

＊ＩＶが非常に低いオプション

＊原市場の変動が激しすぎるオプション

＊ＡＴＭやＩＴＭ、ＡＴＭに近いＯＴＭのオプション

＊残存期間の長いオプション（ＬＥＡＰＳは除く）

慎重な売り手はこれらを避ける傾向にあります。当然ですね。買い手はこのような（プロの）売り手が避けるようなオプションを選択して買うべきなのです。安易に売り手が喜ぶオプションを買ってはいけないのです。

◆オプションのプロは売り戦略だけ？

また個人投資家の方は「オプションのプロは売り戦略だけを行っているのでは？」と思われているようですが、そんなことはありません。買い手であるプロは多く存在します。そしてプロの買い手は、アマチュアのオプションの買い手とは明らかに異なった取引を行います。売り手の餌食になるようなオプションはけっして買わないのです。そのために慎重に選びます。

図表８-１　Ｔボンドの動き

〈オプション倶楽部の投資例〉

ＯＰＳは株式オプションでも可能ですが、先ほども述べたように原市場の動きが激しいほうが有効です。個別株式オプションより、先物市場の動きの方が短期の動きは比較的激しい傾向にありますので、オプション倶楽部ではこちらを重点的に取り扱いたいと思います。

◆Ｔボンド

図表８－１はＴボンド市場とＩＶの動きを表しています。

【チャートから読み取れること】

ＩＶが急上昇、先物価格も急激に上昇しています。

解説

このチャートから原市場が激しく動いているのが分かりますね。つまり激しすぎるオプションは売り手が嫌が

るオプションでした。だから買い戦略をとるのに適しているのです。ではどのように戦略を考え
どのように仕掛けるかご覧ください。

【戦略】

上昇継続か反落かに賭けた戦略としてＯＰＳ（コールとプットの買い）を実行することが可能
です。

【仕掛けの内容】

11月限１１３コールの買い
11月限１１２プットの買い

2. 売り戦略　NOPS

NOPSは相場の変動から利益を得るのではなく、タイム・ディケイ（第1章　時間価値の減少参照）から利益を得る売買手法です。

タイム・ディケイの概念はオプション独自のものでしたね。ですからその意味では、オプションの特性を生かした手法ということになります。

具体的には同じ原市場の同限月のコールとプットの両方を売り建てます。

◆誤解に満ち溢れている売り戦略

最近オプションを始めた個人投資家の中には、売り戦略だけを実行する方が多いと聞いていま す。先ほど買い戦略のところで〝買い戦略で損失を出している投資家が多い〟と申し上げましたが、理由は誤った考え誤ったやり方によるものでした。しかしこの売り戦略においても間違った考えによって取引が行われ、多くの誤解が生じています。以下の2つの誤解に対しては次のように考えています。

①誤った考え、誤ったやり方は破綻を招く
(Misunderstanding & Misconception)

前述の個人投資家たちが「売り戦略は圧倒的に有利な戦略だ！必ず儲かる戦略だ！」と考えていることに対して警告を鳴らします。

彼らの多くは誤った考えと手法でこの戦略を実行しています。確かに売り戦略で利益を上げる確率を考えたとき、買い戦略と比べて高いのは事実です。しかし勝率ではないのです。中身です。9回勝っても1回の大きな損失で利益すべてを失う、いいえ場合によっては利益以上の損失を出すことも否定できないのです。

最近の個人投資家たちは、たぶん9勝の最中にいるのかもしれません。しかしこのまま安易に売り戦略をとり続けることだけは考え直す必要があると警告したいと思います。

②誤った認識は投資手法の範囲をせばめる

オプション売りは非常に危険でやってはいけないものと決めてかかっている方々に「ルールを守って行えば決して怖い戦略ではない」と申し上げます。このように思っておられる方の中には「資産運用に携わるプロのトレーダー」もいます。

①の警告を鳴らすと「そう、そのとおりだ。売り戦略は破綻を招くのだ。だから絶対に手を出してはいけない戦略なのだ」と声を大にして叫ばれるでしょう。

しかし、そんなことはありません。ありませんが〝リスクを避ける〟という観点から見れば、やらなければリスクは皆無ですから、盲目的に売り戦略を仕掛けているケースよりはずっとずっと賢明ということになります。

◆売り戦略に適した銘柄

オプション売り戦略に最も向いているのは、ＩＶが十分に高い銘柄や市場です。向いていないのは買い戦略でも述べたようにＩＶが非常に低い相場でしたね。ＩＶが非常に低い状況が続くと、第2章のボラティリティ変動の特徴でも述べたように、急激に上昇することがあるのです。

２００６年5月がそのよい例です。異常な変化を見せました。売り戦略だけで取引をしていた投資家の中には、大きな痛手を被った方も多かっただろうと推測されます。

また変化がなくＩＶが低いままの低空飛行が続くと、収益率が低下して妙味がなくなります。

●株価指数オプションの最近のＩＶは低すぎる

これまでオプション売り戦略は「株価指数オプション」がもっとも向いていると言われてきました。しかしここ数年におけるＩＶの異常な低下を見ると決してそうではなくなってきたように思います。

ＩＶは過去最低水準に近いところまできています。Ｓ＆Ｐ５００のＩＶは10～11％です。これではオプション売り戦略の収益は知れています。だからといってＩＶが低いオプションを数多く売ればよいかと言うとそれは危険です。前述の２００６年5月のようなケースがあるからです。

●株式オプションではＩＶが30～50％の銘柄を選ぶ

ＩＶが高ければそれだけプレミアムも高いわけですから売りたくなりますね。しかし60～70％を超えるような異常に高い銘柄はむしろ避けるべきです。

そう考えるとＩＶが30～50％の銘柄や市場は、オプション売り戦略には非常に適しています。ファーＯＴＭはＡＴＭから十分に離れていてかつプレミアムが十分にあります。

ＩＶの水準はある程度の収益を上げようとする場合、非常に重要なファクター（要因）です。そのようにＩＶの水準を考慮したとき、株価指数オプションではなく個別株オプションやＥＴＦオプションに目を向けるのも一つの方法です。

米国では数多くの流動性に富んだ株式オプションやＥＴＦオプショが取引されています。例えば２００６年5月の株価の急落とＩＶの急上昇のときに、株価指数ではなくＧＭ（ゼネラルモーターース）のプット売りやＸＬＥ（エネルギー市場連動型ＥＴＦ）のＮＯＰＳを仕掛けていたなら、株式市場の急落の影響は全くなかったのです。

米国を代表する銘柄ＩＢＭも、株式市場全体の動きとは違っていました。

◆基本はボラティリティ

オプション売買の基本はボラティリティです。このボラティリティの中にオプション売買で成功する秘訣が隠されているのです。低いＩＶの状況下の市場や銘柄は、本来オプション売り戦略を避けるべきなのです。

先ほども述べたように低いＩＶの株価指数オプションを売り続けるのは、実はリスクの高い戦略ということになるのです。

個別の株式オプションは動きが大きいのでオプション売り戦略には向いていないと言われていますが、それは違います。多くのオプショントレーダーはＩＶの水準を無視または軽視しているのです。株価や株価指数の動きだけでオプションをトレードしているのです。オプションが株や先物とは異なるゲームだと分かっている？　のにです。いえやはり分かっていないのでしょう。だから株や先物の幻影から逃れられずに、原市場の動きに振り回されてしまうのでしょう。

〈オプション取引で重要なこと〉

第４章を思い出してください。

オプション取引では〝ＩＶの動きや水準、オプション価格の歪み、ミスプライスを捉える〟ことの方が、利益を上げるうえでずっとずっと重要なのです。つまりずっと成功の確率が高いのです。

◆売り戦略のリスク管理

リスク管理については以下のルールを設けるとよいでしょう。

①ポジション・サイズ

（最大数量―枚数）証拠金使用率

②エクスポージャー（内訳を明確にする）

デルタを用いて、総代金にしてどのくらいの金額のポジションをもっているか

例えばＱＱＱＱ38ドルプットを10枚売っているとします。

デルタは１枚あたり５％のとき

トータル・デルタは５％×10枚＝50％です。

現在のＱＱＱＱの株価が40ドルのとき

総代金は40ドル×50％×１００株＝2,000ドル

となります。

（ＱＱＱＱはＥＴＦオプションで、株式オプションと同じく1枚あたり１００株を対象にしており倍率は１００です）

③トータル・ネットデルタの把握

コール売り（－デルタ×枚数）プット売り（＋デルタ×枚数）これらを足し合わせた数字です。

プラスなら上昇に傾いたポジション
マイナスなら下落に傾いたポジション
④日々の損益の変動をチェックする
⑤自分で損切の目安を決める
⑥１日の相場の上下への変動やＩＶの上昇が一定以上あった場合の対処法を想定する
オプション売りポジションの買戻し・調整をどうするか

◆資金管理

オプションの売り戦略というのは、元々は多額の資金をもった大金持ちの資本家の手法でした。潤沢な資金の一部をリスクが大きいものの、利益が得られる可能性が高い売り戦略で運用したのです。もし万一大きなリスクに遭遇したとしても、本来潤沢な資金があるのですからあまり痛くもなかったわけです。

第７章の先物のところで述べた内容と同じですね。少ない資金でレバレッジだけを期待した取引ではリスクが大きいと同時に破綻の可能性さえ生まれます。だから持てる資金の範囲内で、レバレッジの効果を享受できるやり方で行えば怖くない、とお話しました。

つまり売り戦略を行うにはある程度の資金が必要なのです。

特に株価指数先物オプション、債券先物オプション、通貨先物オプション、その他のコモディティ（商品先物）オプションにおいては、それが顕著です。

売り戦略は資金の限られた方にはお勧めできません。当倶楽部において先物オプションの売り戦略に必要な資金は10万ドル以上です。それ以下の資金では不可ということではありませんが、取引数量には十分な配慮が必要になります。

「売り戦略」に関しては、先物オプションでは行わず株式オプションまたはETFオプションをお勧めします。もしどうしても先物オプション取引を行いたい方には、OPS等の買い戦略やスプレッド取引をお勧めしています。

〈オプション倶楽部の投資例〉

ETFや個別株オプションは一般に株価の変動が大きく「株価指数オプションに比べると売り戦略においてはリスクが高い」という指摘が多くありました。が、魅力的な銘柄が多いのも事実です。

NOPSではいつでも同じように仕掛けないことです。IVの水準によって数量を加減することも重要です。IVの低水準時のオプション売りは、リスクと収益の関係を考えたときに魅力のある戦略とは言えませんね。

つまり低い利益に対して万一のリスク（破綻に至るという）が大きすぎるからです。

◆ナスダック100（QQQQ）

その点**図表８－３**のＱＱＱＱ（株価指数連動型ＥＴＦ）はＩＶが18％近くあり、ちょうど中間あたりに位置していますので取引が可能です。

ここで示した**図表８－２**のチャートは日々の終値を結んだ折れ線グラフです。株式や先物のトレードと異なりオプションは相場の細かい変動を捉えることはあまり必要ありません。大雑把なトレンドやレンジを確認できればよいのです。その意味では、余分な情報（日々の高値、安値等）はないほうがよいとも言えます。

第３章で〝チャートを読む能力〟について述べましたが、チャートは使い方によっては錯覚を生む可能性があります。今回チャートを掲げるのは全体の動きを捉えるためだけですので、日々の終値の折れ線グラフで十分なのです。

図表 8-2　ナスダック 100（QQQQ）

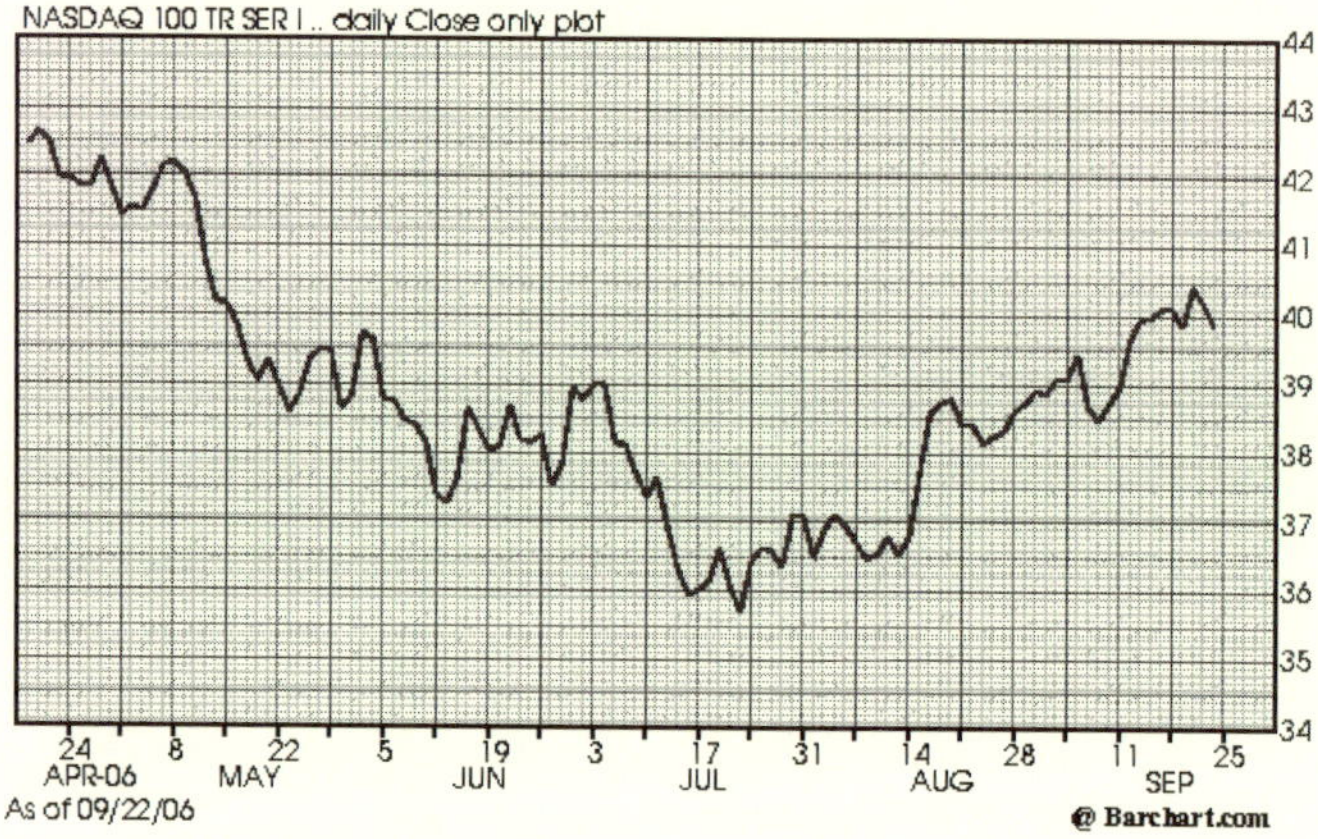

図表 8-3　ナスダック 100（QQQQ）のボラティリティ

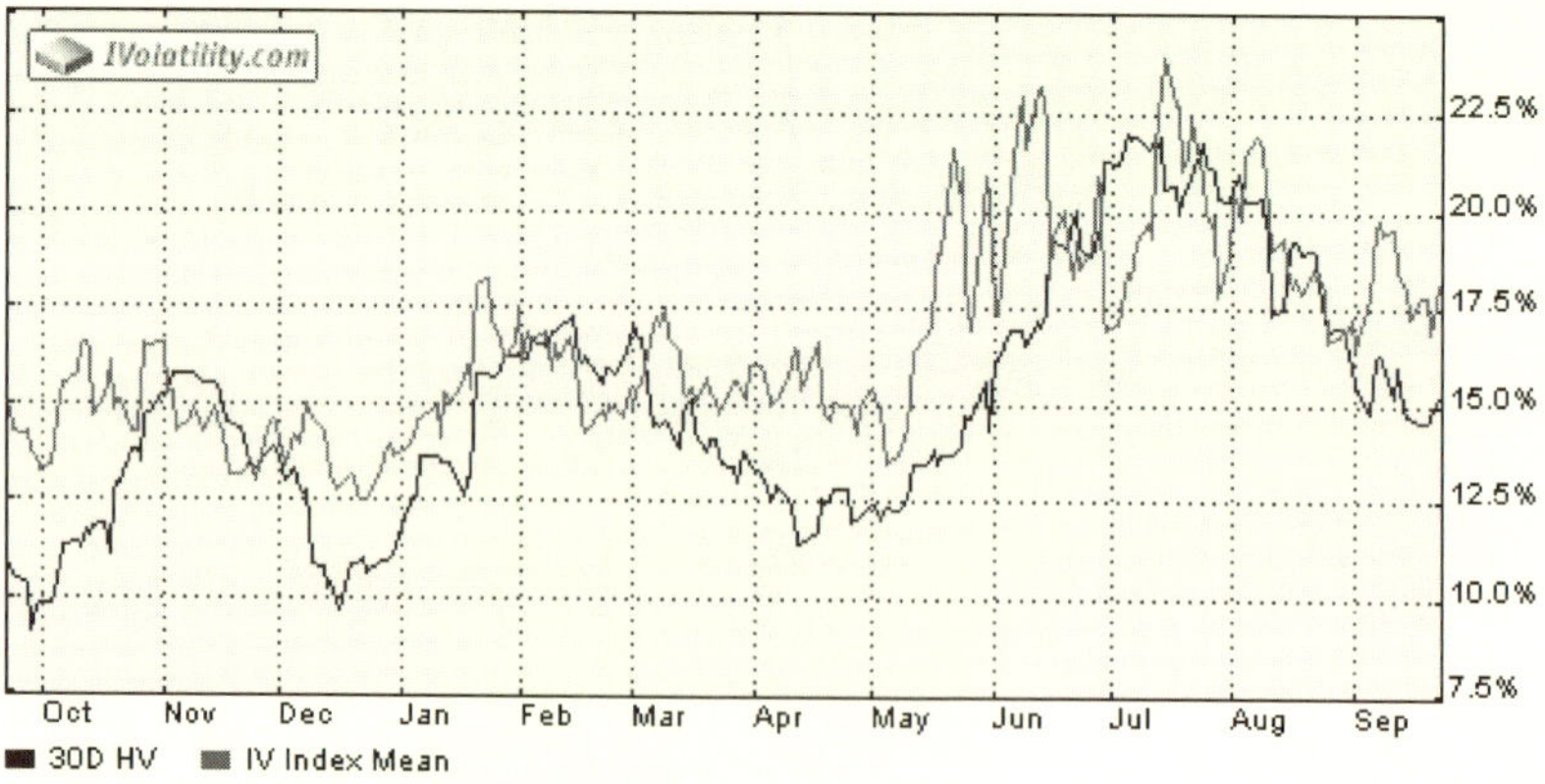

【チャートから読み取れること】

中期トレンドはなお上昇中です。年初来の高値までに数ドル上値の余地があります。一方ここから反落した場合は、39ドルを下へ抜けると短期の下降トレンドに変わる可能性があります。

解説

このように見るとコール売りとプット売りの大雑把な目安が分かるでしょう。注意するポイントはＩＶがここから急激に上昇したときです。おそらく株価が急落した時と思われます。

【戦略】

ＮＯＰＳです。同じ原市場の同限月のコールとプットの両方を売り建てます。

【仕掛けの内容】

10月限42コール　＠０．１５
10月限37プット　＠０．１０
11月限43コール　＠０．２０
11月限35プット　＠０．１５

※＠はプレミアムのことです。

3. LEAPS

ＬＥＡＰＳとはLong-Term Anticipation Securitiesの略語で残存期間が9カ月以上の長期株式オプションのことです。ＬＥＡＰＳのしくみは通常のオプションと全く変わりませんが、面白いことに、ＬＥＡＰＳにはOption（オプション）という単語が含まれていませんね。ＬＥＡＰＳには通常のオプションにはない優れた要素が含まれているのです。

◆LEAPSの特徴

＊オプションの知識をそれほど必要としない
＊株式売買と同じような要領で売買ができて、しかも株式投資よりも成功の確率が圧倒的に高い
＊週末投資をしたい人にはピッタリ

このように聞くと「えっ！そんな投資方法があるの？」と興味をもちますよね。あります。このＬＥＡＰＳの売り戦略には大きな優位性があるのです。個人投資家にとってはお勧めお買い得商品なのです。

個人投資家である皆さんが単なる〝楽しみ〟のためではなく利益を上げる目的でオプションを取引するなら、多くの方にＬＥＡＰＳをお勧めします。「買い戦略」にせよ「売り戦略」にせよ、ＬＥＡＰＳには通常の短期オプションより多くの「優位性」があるからです。特に資金の限られた個人投資家にはＬＥＡＰＳが断然有利だと言えるでしょう。

◆売り戦略にＬＥＡＰＳを用いたときのメリット

では「売り戦略」にＬＥＡＰＳを用いたときのメリットを挙げてみましょう。

〈売り戦略におけるＬＥＡＰＳのメリット〉

①売り戦略に必要な証拠金に対して受取プレミアムが大きい
②つまり期待利回りが大きい
③短期オプションと比べてよりファーＯＴＭを売ることができる→安心していられる
④③の理由により、株価の短期変動によるポジション調整で忙しくトレードする必要がない
→週末投資が可能
⑤リスクに対する期待収益率が高い
（＝より低いリスクでより大きな利益が期待できる）

ＬＥＡＰＳを用いたからといって、長期でポジションを保有する必要はありません。プレミアムがある程度剥げたらオプションを買い戻し、再度売りを行ない、これを繰り返すことでＬＥＡＰＳを用いながら短期トレードを行なうことができます。

短期オプション売りは毎月のように利益が入って面白いと感じている方もいらっしゃると思いますが、1年後、2年後の利回りと比べてみるとよいでしょう。

長期オプションであるＬＥＡＰＳの売り戦略は恐らくは毎月の利益は楽しめないでしょうが、最終的には大きな利回りを上げられます。（実際に過去数年はそのような実績です）

一番のメリットは①の必要証拠金に対して受取プレミアムが大きいということです。そして短期オプションによる取引コストを考慮するとＬＥＡＰＳの方が、最終利回りが断然高いものと思われます。現在株式またはＥＴＦオプションでＮＯＰＳを実行している方は、ＬＥＡＰＳの活用をぜひお考えください。

◆資金が少なくても手法で対応可能

Ｅ＊ＴＲＡＤＥではコールのネイキッド売りをするためには最低5万ドルが必要です。しかし資金がそれに満たない方はクレジットスプレッドを用いることで類似の戦略を組むことが可能です。毎月利益を上げるということではなく、四半期・半年・1年間で利益を上げるなど目標を中長期に変えると、もっと余裕のある戦略を組むことができるでしょう。

〈オプション倶楽部の投資例〉

ＬＥＡＰＳはオプション倶楽部では必須科目です。オプション倶楽部の投資法の根幹にあるのは〝できる限りのリスクを抑え、かつ勝つ確率の高い手法で長い時間をかけて資産形成を行う〟ことです。資産を増やすということは時間をかけることでもあるのです。

一朝一夕にお金は増えるものではありません。確かに一夜にして増えるケースもあります。宝くじのようなものです。そういうケースはきわめて稀なことであって、継続的に利益を得ようとする手法ではありませんね。一夜にして増える手法は一夜にして大きく損失を出す手法でもあるのです。

その倶楽部の主旨にもっとも適う手法がＬＥＡＰＳと言えるのです。倶楽部では会員の方にはどなたにでも、ＬＥＡＰＳの売りをお勧めしています。他の手法をメインにされている方にも、ＬＥＡＰＳ用の口座を作って取引をすることをお勧めしています。

なぜそんなに勧めると思いますか。

それは先に述べたＬＥＡＰＳの特長にあります。

次にＹＨＯＯ（ヤフー）の仕掛けの要領をご説明します。どんなに他の取引より勝っているかがお分かりいただけると思います。

◆YHOO（ヤフー）

YHOO（ヤフー）の2009年1月限を用いたNOPSの仕掛けの例を説明していきましょう。売り戦略にLEAPSを用いる優位性がよく分かるはずです。

2006年10月6日現在の株価は25．47ドル
2009年1月限45コールのプレミアムは1．60ドル
2009年1月限20プットのプレミアムは2．00ドル
合計プレミアムは3．60ドル

つまりコールとプットを1枚ずつ売ると360ドル（手数料を除く）のプレミアムが受け取れます。この取引に要する証拠金は、1セットにつき実質的に約720ドルです。
（実質的にとは証拠金に受取プレミアムを計算上含んでいるという意味です）

このNOPSの損益分岐点は
下限16．40ドル（＝20－3.60）
上限48．60ドル（＝45＋3.60）

図表8-4　ＹＨＯＯの株価の動き

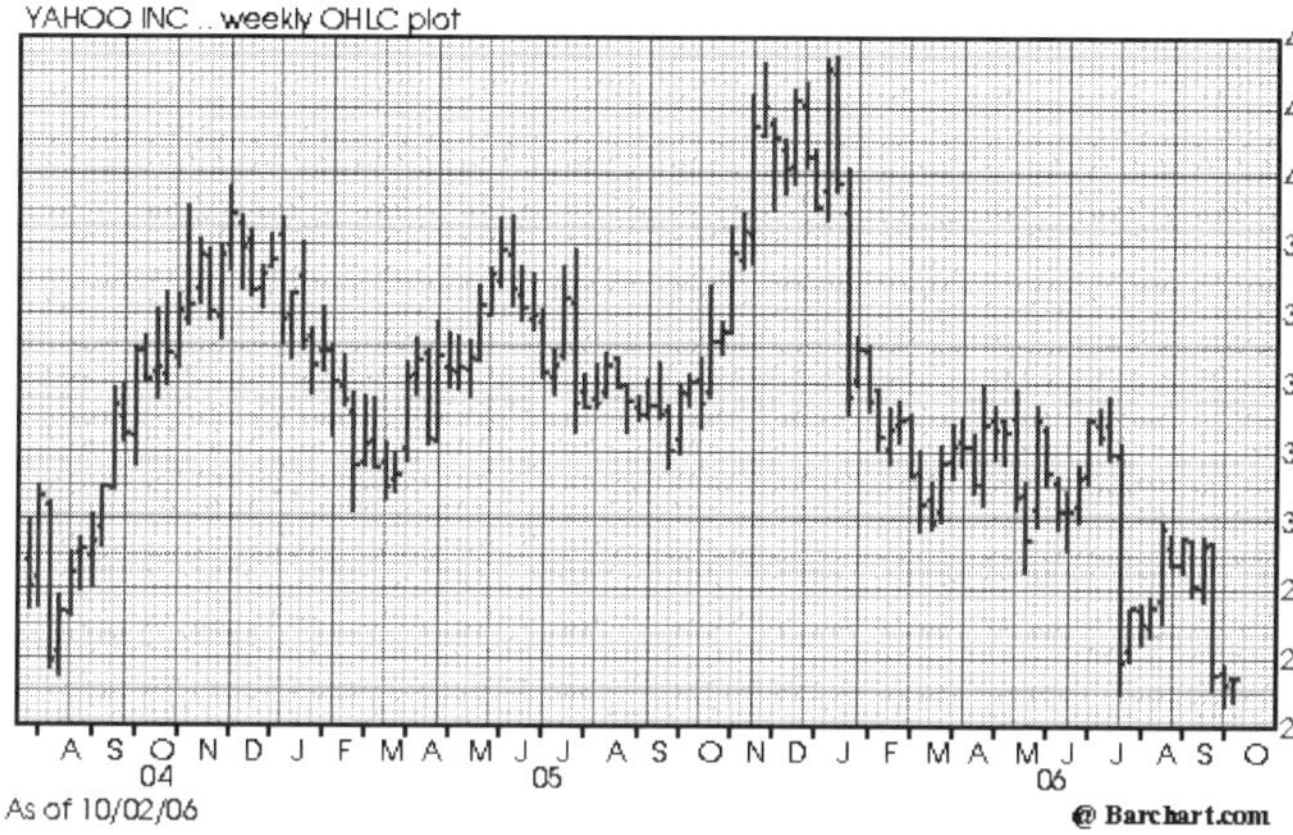

となります。つまり証拠金に受け取りプレミアムが含まれているので損益分岐点がその分上下に広がるのです。どうですか。これでＬＥＡＰＳを用いたＮＯＰＳが他と比べて優れていることが分かりましたね。

短期の株式オプションまたはＥＴＦオプションを用いて短期のオプションまたはＮＯＰＳを実行されている方はぜひＬＥＡＰＳで試してみてください。

ＹＨＯＯについて言えば**図表８－４**のチャートで見ても分かるように、一定のレンジ内で上昇下降を繰り返していますので、過去1年に当てはめてみても、ＬＥＡＰＳのＮＯＰＳは相当に高い利回りを上げることができたはずですね。

4. その他の戦略

ここでご紹介する戦略は、ボラティリティの動きを見て仕掛けます。第6章の株式オプション取引の実例の3で紹介していますが、私が毎年恒例のイベントに参加して利益をいただいているお気に入りの手法です。

第5章で説明したアノマリー（季節性・周期性）を大いに利用した手法になりますので、アノマリーについての理解が十分でない方は、もう一度第5章の3を読み返してください。

繰り返しになりますが、たくさんあるアノマリーの中でも、その名のとおりに季節性を利用する手法は、ほとんど裏切られることがありません。

◆自然は裏切らない

私たちが太陽が昇れば起きて一日の活動をはじめ、太陽が沈めば眠くなり眠るのと同じように、秋が来れば穀物は実ります。これは自然の法則にのっとった現象ですから、突然大きく変更されることはないのです。（もちろん人工的な穀物栽培は可能ですが、それは自然の力には及びませ

図表8-5　CBOT小麦

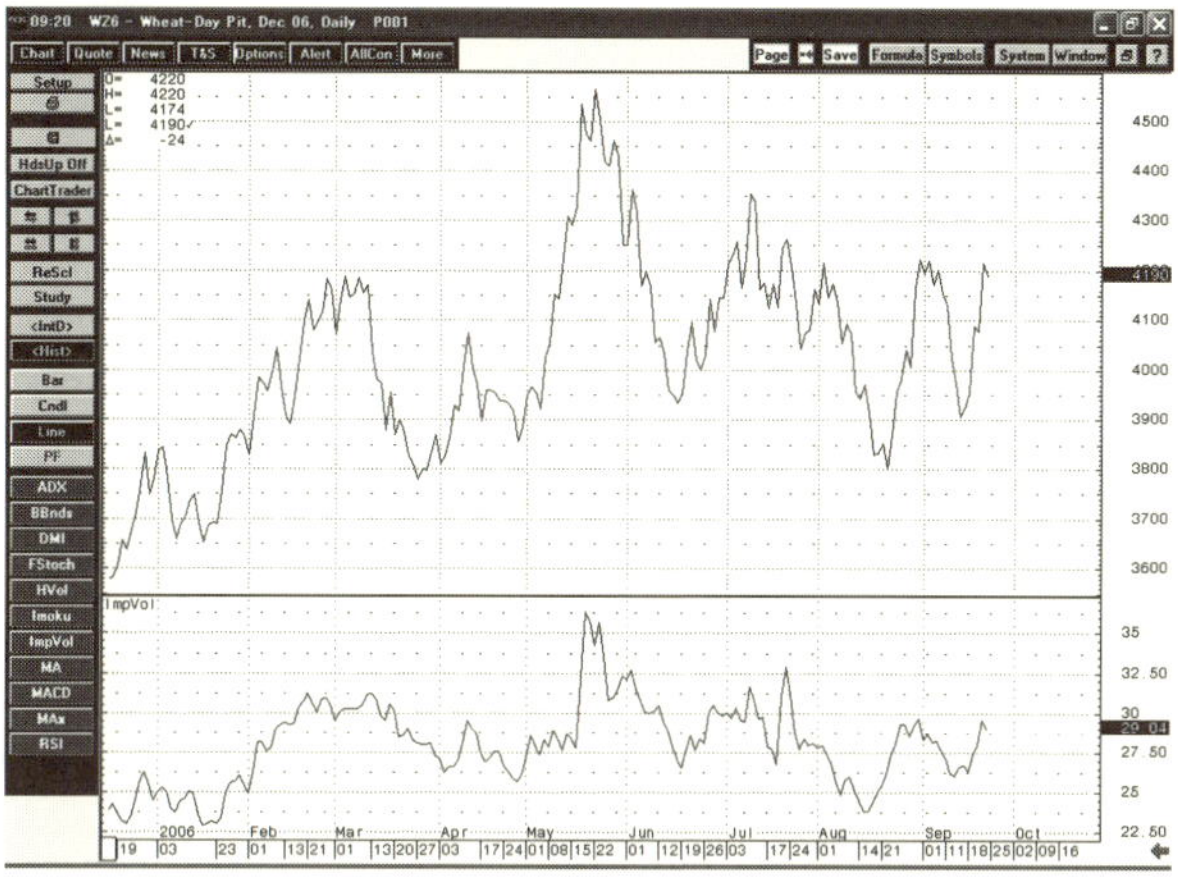

ん）

そのように考えたとき本当の季節性を利用した手法には、大きな自然災害がないかぎり、成功の確率がかなり高くあるということになりますね。

〈オプション倶楽部の投資例ー1〉

ここではその高い成功の確率があるCBOT小麦のボラティリティを売る戦略をご紹介します。

図表8ー5を見てみましょう。

【チャートから読み取れること】

先物及びIVも上昇をはじめ、チャートがいい形になってきました。ここはボラティリティを売る戦略のチャンス到来と見ます。

解説

しかし上値への上昇余地がまだありますから、仕掛けをする場合には分割しながらゆっくりゆっくり行います。

先物が上昇を続けたら、さらに高いＯＴＭの権利行使価格を売っていきます。焦ることはありません。

【戦略】

先物市場の上昇にともないＩＶが上昇し、同時にプレミアムが上がります。高いプレミアムは受け取るのですから、売り戦略ですね。何を売るかは季節が過ぎればプレミアムは下がるのですから、コールを売るわけです。

【仕掛けの内容】

12月限　ファーＯＴＭのコールの売り

解説

流動性が十分な12月限を選びます。またファーとは遠く離れたという意味で、現在価格よりずっと上に離れた価格という意味になります。ＩＶの動きだけでなく原市場の動きにも注目しましょう。

〈オプション倶楽部の投資例ー2〉

その後のＣＢＯＴ小麦の動きが気になりますね。再度取り上げて、アノマリーと仕掛けの有効性を見てみましょう。

◆資金は十分に

一つご注意申し上げておきたいことがあります。この戦略は、確かにアノマリーを存分に堪能できる取引ではあるのですが、売り戦略の本質（資金力が必要）を忘れないでください。この第8章の売り戦略の中の〝資金管理〟で述べているように、資金が十分にあることが求められます。十分でないままに取引を行った場合、万一のケースで破綻に追い込まれる可能性があるということです。

いくら確率の高い手法と言っても、１００％絶対はありません。最近では環境破壊が進み、自然現象にも大きな異変が見られます。それによる状況のズレは大いに想定されます。そういった場合にこの後の第9章で述べますが、個々によって受け取り方が違い、うまく利益をとれないこともあります。

また決定的な異変が起きた場合には、最悪の破綻も招きかねない、という基本をきちんと踏まえて取引に臨んでください。

図表8-6　CBOT小麦のその後の動き

ではその後の動きがどうなったか図表８－６で見ていきましょう。そしてさらにどのように仕掛けていくか検討しましょう。

【チャートから読み取れること】

アノマリーに沿って先物価格もＩＶもさらに急激に上昇していますね。上昇の具合をよく見ておく必要があります。

解説

今年の小麦は同じ穀物であるコーンや大豆と様相が異なります。ＩＶは今年の最高水準をつけました。先物価格も同様に年初来の高値をつけました。

【戦略】

基本的な戦略はコール売りですが相場が崩れるまで待つか、もしコール売りを仕掛ける場合には数量に配慮します。さらに先物価格が上伸した場合は早めに買い戻して様子を見て、再度仕掛けます。タイミングを間違えないでください。早めの手当てが大事です。

【仕掛けの内容】

12月限６００コールの売り

第9章

オプション取引で成功するために

◆投資における成功

さあいよいよ成功へ向けての助走開始です。

ここまで投資全般、オプション取引についてお話ししてきました。すべて私自身の経験に基づくものです。

別の言い方をすれば、私が経験していない方法は紹介していないということです。他にも利益を上げる方法はたくさんありますが、少なくとも私はこのやり方で利益を上げ、成功者と言える人たちと肩を並べられるようになったと自負しています。

成功にもいろいろありますが、ここで述べている成功とは投資における成功のことです。では投資における成功とはどのようなものを意味するでしょう。

〝投資やトレードの世界で、自分の確立した手法でけっしてまぐれではなく、継続して儲けることができるレベルにまで到達した〟

そういうくくりで〝成功〟を捉えるならば、私もその領域に達することができたと思います。しかし投資やトレードの世界でその領域に入れる人たちは、市場参加者のわずか10％にも満たないそうです。それを考えたとき、私自身のこれまでに至る経験をお伝えすることで、必ずや皆さんのお役に立てるだろうと確信しています。そしてこれは皆さんの一生の財産になるでしょう。

◆本書の核心部分

この第９章でお話することは投資やトレードの世界だけでなく、あらゆる分野に共通する普遍的な考えです。そしてもっとも大事な部分と言えるでしょう。

世の中には「成功論」や「成功の原則」「成功の方程式」といった書籍がたくさんあります。私も世の多くの成功を夢見る人たちの例に漏れず、多くの「成功論」に関する本を読みました。同時に「投資」や「トレード」に関する本も数多く読みました。

私の投資（トレード）での直接体験と、これらの本からの擬似体験を通して実感したことは、〝通常の成功〟と〝投資やトレードの世界における成功〟との間には、そのプロセスにおいて何ら違いがないということでした。

――成功は投資であれ何であれ、
そのプロセスにおいて何ら異なることはない――

普遍的な考えというのは、あらゆる分野に共通するものだと実感したのです。哲学や思想の本が、実は投資を行う上でとても役に立っていたりします。

その中でも有名なのはナポレオン・ヒルの『思考は現実化する』でしょう。これは成功のプログラムについて書かれた名著です。

これからお話することは決して実現不可能なことではありません。当たり前のことをきちんと行っていれば、成功は手が届く所にあるということなのです。

1. 自分はなぜオプションを選んだか

まずもう一度思い出してください。なぜ「オプション取引をやってみよう」と思われたのでしょうか。「株式や先物をやっていても、なかなか思うような利益を上げられない、あるいは損失を抱えてしまった、何とか自分でも利益があげられる運用方法はないものだろうか」という理由からオプション取引に興味をもたれた方が大半だと思います。

◆株式投資は始めやすい

前述したように株式投資は、個人投資家がもっとも入りやすい投資行為です。ひと言で言えば〝安いときに買って高くなったら売る〟という取引ができさえすれば、勝てるのですから。また最悪でも、根底には「株をもっていればいつかは上がる」という考えがあるからです。しかし「株はもっていればいつかは上がる」でしょうか。

日本経済が高度成長期の中で、ずっと右肩上がりだった時期にはそのとおりでした。実際株価はもっていればいつかは上がりました。

しかし1989年12月を頂点として、株価は長い右肩下がりの時代に突入しました。バブルという実態経済からかなり乖離した過熱がバブル崩壊という言葉を生み出し、多くの企業、多くの投資家が大きな痛手を被ったのです。本書を手にしている方の中にも苦い経験として残っておられる方もいらっしゃるでしょう。

それ以降の株価の動きはご存知のとおりですね。つまり株をもっていれば必ず上がる時代は終わったのです。「もっていさえすれば」という考えは過去の幻影でしかないのです。

◆明日の相場の行方は〝永遠に解けない方程式〟

私もプロのトレーダーとして株式や先物の取引をしてきました。この世界は明快です。プロですから利益を上げられなければ「ハイ、それまで。」です。10年続けられるファンドマネジャーはかなり稀だという話も聞いています。

そういう厳しい環境の中で失敗もたくさんありますが、結果として継続的に利益をあげてきました。しかしその長い経験の中でずっと感じてきたことは「〝相場の方向性を当てることで利益を得る〟というやり方は、正直疲れる」ということでした。

ここまで読み進んでこられて「オプションは株や先物とはまったく違うゲームだ」ということがお分かりになったと思います。全く異質のゲームのやり方を覚えることで利益を上げることができるのです。

いろいろな手法がある中で〝もっともお勧めしたいオプション取引〟は、相場の方向性を当てなくても利益をあげられる手法、相場がどちらへ動こうが動くまいが利益をとれる方法、そして株や先物にはない〝優位性〟を利用した魅力的な方法なのです。

プロが教えるオプションの魅力

——株価が上がることだけで利益をあげるのは苦しい——

日本が右肩上がりの高度成長期では、株をもっていればいつかは上がりました。今はそういう時代ではありませんね。そのような環境の中で株価が上がることだけで利益を得ようとするのは至難のワザです。また精神的にもかなりきついことです。

オプションの魅力は

- ●方向性など当てなくても利益をあげられる
- ●相場がどちらへ動こうと動くまいと利益をあげられる
- ●90％の確率で利益がとれるケースがある

本書を手にした皆さんも「株式相場で利益を上げ続けるのは難しい。何かほかにもっと簡単な方法はないだろうか」と思われたのだと思います。ただ単に〝オプションとはどういうものか〟だけを学ぶのではなく、オプションの特長を生かした方法、そして自分が楽に儲けられる手法をぜひ学んでいただきたいですね。

2．なぜ人によって成果が異なるのか

オプション取引に限らず株式や先物でも、同じ手法同じ戦略、さらに同じ銘柄や市場を取引しているのに、利益を上げる人もいれば損失を出す人もいます。なぜでしょうか。資金量が違うから？　もちろんそれもありますが、大きな理由は以下の２つに要約されると思います。

●経験の差
●個々の感性

◆経験の差

もっとも大きな理由は〝経験〟にあると言えるでしょう。トレーダーの経験・技能の水準によって、同じ市場の動き一つでも捉え方が異なってきます。観察眼も着目するところも違ってきます。

ただ経験があるからと言ってすべての取引で勝つわけではありません。私自身も「勝つにはどうしたらよいか、成功するためにはどうしたよいか」とさまざまな観点から述べていますが、だからと言っていつでも勝っているわけでもありません。損失を出すこともあります。

では何が違うかと言うと、経験が浅く熟練度の低いトレーダーに比べれば自分のトレードに自信をもっています。それは相場の方向性が分かるという自信ではなく、最終的に自分のトレードを巧くやれる自信です。もし損失になったとしても、それを最小限に抑えられるという自信、途中損失が拡大してもうろたえずに何とか利益につなげる自信です。つまり経験があるから、規則性やアノマリーやさまざまなパターンが頭に入っていて、対処の方法が分かるわけですね。つまり余裕があれば当然視野も広がります。視野が広がれば、より多くの情報を得ることができ、冷静な判断、決断ができるということになるのです。

もちろんそれで完璧というわけではありませんが、確率的には巧くやれる可能性が高くなります。

ですからトレードに臨む姿勢にも余裕があります。この余裕はひと言で片付けられないほど大切なものです。余裕がないから不安になります。不安が増大すると……。それは次の項目で述べましょう。

◆個々の感性

経験の浅さ、未熟さからくる不安、つまり先が見えない不安というものは測り知れません。これを〝予期不安〟と呼ぶことができます。分からないもの、未確定のものに対する不安というのは、実際以上に大きいものなのです。不安が不安を呼び、思わぬ行動をとりかねません。

〝この思わぬ行動〟は、経験の浅さだけでなく、個々の性格によっても違ってきます。これが大きな２つめの理由と言えると思います。

しかし予期不安は経験を積み、同時に自分自身を知ることによって解消していきます。次に考えなければならないのは、〝自分自身を知る〟ということです。

3. 自分を知る

頑張っても成功できない理由の一つに、自己流にこだわりすぎていることが挙げられると思います。一生懸命やっても成功できないのであれば、その自己流は間違っているのかもしれませんね。

◆〝自分を知る〟ための出発点

そこが〝自分を知る〟ための出発点です。

自分はお金を運用して資産を増やしたいと考えているが、実際に株式売買やトレードなどの行為が好きなのかどうか。株式投資ならほぼ毎日株価を見なければなりませんし、企業の財務情報だけでなく金利の動向やアメリカ市場、世界市場の動きにも注意を払わなければなりません。

もしそういう行為が苦痛でたまらないと言うのであれば、別の方法を探るべきですね。最近は投資信託も種類が増えて、単に株式や債券だけでなく、商品先物を利用したファンドなどもできました。また株式投資でも高配当銘柄に絞ったものなどもあり、年度によっては高い利益が得られるファンドも生まれています。それらを購入するという手もありますが、その場合には万一のリスクも含めて他人に任せるということになりますね。

●〝自分では投資行為をしない〟ことが成功につながるケース

〝好きこそものの上手なれ〟とは本当によく言ったものです。逆を言えば、嫌いなことをやっていては却って失敗を重ねてしまうことになりかねません。無理をしないことです。せっかく資産運用をしようと頑張って、その結果資産を減らしてしまっては何にもなりませんから。

どうでしょうか。うまくいかない方は胸に手を当てて考えてみてください。もし自分は投資行為に向かないと思ったなら「自分では株式や先物売買をしない」ということが、あなたにとっての成功への道の一つの選択肢となるのです。

●投資行為が嫌いではないがうまくいかないケース

では投資行為も嫌いではないし、勉強もしているのにうまく利益を上げられない場合は何が問題になるのでしょう。

自分にはどんな投資法が適しているか考えたことはありますか。

長期投資がよいのか短期投資がよいのか、あるいは株式投資なのか商品先物なのか、それとも少々勉強が要るもののオプションのような方向性をとらないトレードが合っているのか……。また自分は心配性か大胆な性格か。利益は大きくとりたいタイプか、少しでも確実に利益をとっていくタイプか等々。

最初に株式投資から入っている方がほとんどだと思いますので、これから株式投資に向いているかどうか、簡単に質問してみます。無理のないように答えてみてください。

〈株式投資に向いているかどうか〉

●投資しようとしている市場や銘柄についての知識は十分ですか？
●現在のトレンドは？
●直近の高値は？　直近の安値は？
●現在、指数はどの方向に向かおうとしていますか？
●日本経済の状況は？
●企業業績全般は？
●あなたが投資している銘柄はどうですか？
●トレンドは？
●直近の高値は？
●直近の安値は？
●ＰＥＲは？

●過去の業績と今後の予想は？
●あなたはその株式をいつまで保有するつもりですか？
●つまり、いつ利食いますか？
●損切りの目安はいくらですか？

◎さらに質問します。

●あなたはうまくいかない理由、つまり失敗の理由を検証しましたか？
●それは何だったのでしょう。そしてそれを次に反映させていますか？
●過去に成果をあげたことはありますか？
●そのうまくいった理由は分かりますか？
●今後も今行っている市場で成果をあげようと考えていますか？

さあどうでしたか。すべてにイエスと明快に答えられましたか？　もし答えられたなら大丈夫です。今株式投資を行っているご自分を知っていると断言できます。向いています。努力を続ければ株式市場で成功することができると思います。頑張ってください。

◎では上記質問にイエスと答えられなかったあなた！

イエスと答えられなかったことで、一部自分を知ることができましたね。つまり細かな情報収集やこまめに調べたりすることが苦手だということが分かったのです。

先ほど〝好きこそものの上手なれ〟という諺を出しました。

人間が成功するには、好きなことをやるのが一番手っ取り早いのです。では資産運用において、すべての人に手っ取り早い方法があるでしょうか。ありませんね。

なぜなら個々性格が違う、経験が違う、センスが違う、恐怖心も違う、などなど違うために、皆が手っ取り早く利益を得る方法など存在しないわけです。

●自分が好きなことを見つける

投資で成功する手っ取り早い方法は、自分が好きな方法を見つけることです。先の質問で苦手な部分が分かったのですから、別のやり方を見つけてトライしてみることです。

株式投資に縛られてしまって「うまくいかない」と嘆いているだけでは解決にはなりません。自分の欠点・弱点をカバーする取引手法が必ずあるはずです。その意味でオプション手法の多様性は試してみる価値があるはずです。

参考になる成功者の言葉

「マーケットの魔術師」30ページ

「しばらくして仕事に就かなければならないと決心した。当時は景気があまり良くなくて、まともな仕事に就けないと思ったから、つまらない仕事でもマシだと考えていろいろと受けてみたんだ。条件的には僕に何も足りないところはなかったんだけれど、なかなか雇ってもらえない。よく考えてみたら、僕自身が本当にそんな仕事に就きたいと思っていないということに気がついたんだ。結局いろいろな職に就いたけれど、落ち着いたのは、レイノルズ証券の商品調査アナリストだった。その仕事には比較的簡単に就くことができた。多分僕が本当にやりたいということがわかったんだろうね。そのとき実感したことは、もし本当に望む職があるんだったら、意外とチャンスは転がっているということだ。なぜなら、自分がそれについてより注意深くなれるからね」

プロが教えるオプションの魅力

――自分だけなぜうまくいかないのか?――

よく個人投資家から「私は投資に関する本もたくさん読んだし、セミナーにも出てファンダメンタルズやテクニカルも勉強しているのに、どうしてうまくいかないのでしょう」と聞かれることがあります。そういうときには次のように答えています。

「たぶん自分に適した投資法をまだ見つけていないのでしょう」

ここまで読んでこられて「なぜ勝てないのか」という理由についてかなり分かってきたと思います。この第9章をよくお読みになって〝自分を知る〟ことを実践してください。

そして〝あまり頑張らなくても利益を上げられる手法〟を見つける実践に向かってください。

◆投資を行う自分を知る

ここで知っていただきたい自分自身は〝相場での局面で自分はどう感じるか〟ということです。

●例えば大きな損失が出たときに、どの程度の恐怖心を感じ、どうしたいと思うか

●例えば目標の利益が出たとき、予定どおり利食うのか、もっと利益がとれるだろうと欲張って、その結果当初の利益を逃してしまったりしてしないか

こういう自分の行動を知るということなのです。その場になると、当初予定していた行動とは別の行動をとってしまうものです。そこを把握してください。

●自分がどう感じるか

〝相場でどういう行動をとるか、どう感じるか〟は、他人には分かりませんね。自分で経験していくしかないわけです。

こんな風に書くと「やっぱりオプションって怖い世界なのではないか」と思われる方がいらっしゃると思いますが、そうではありません。でもいつも巧くいくわけがないことは分かりますね。では〝巧くいかないときに自分がどう感じるか〟を知ることが大事なのです。

自分の弱点が分かれば、そこに焦点を当てた対応策を考え、次の取引に生かせばよいのです。そうやって経験を重ねながら、自分に適した手法を見つけ習得していけば、もう〝成功への扉は開いた〟と言っても過言ではありません。

●最悪を想定する

株でも先物でも土地でも「リスクのある運用」を行うとき、常に最悪を想定することはとても大事なことです。そして最悪を回避するためのリスク管理が重要になってくるのです。

しかしリスク管理を行っているからと言って「だから最悪が絶対起きない」とは言い切れません。念には念を入れて「それでも最悪が起きてしまったら、そのときどうするか？」を常に想定しておくのです。〝地震が起きたら何をするか予め考えておく〟と同じようなものです。すぐ手仕舞うのか、別の仕掛けをするのか……。ポジションをもった段階で想定しておくのです。そうすればパニックにならずに対応できるはずです。

そして個々の感性もそれらの経験を積み重ねることによって余裕のあるものに変わってきます。

経験→余裕→広い視野＝情報を多くキャッチ→冷静な判断

こうして考えてくると、やはり〝経験に勝る師はない〟ということが分かりますね。

参考になる成功者の言葉

経験することの大切さ、自分を知る大切さが述べられています。

「世紀の相場師　ジェシー・リバモア」１８２ページ角川書店刊

「相場師の場合、ゲームのセンスが必要だ。ゲームへの流れへの関心と、参加しようという意欲がなければならない。いま何が起きているか冷静に判断し、理解する能力がいる。そのほか必要な能力を挙げれば、ほかの人間には見えない事実や変化を見出す観察力、さまざまな事実、データを頭に入れる記憶力、数字などに対する計算能力も欠かすわけにはいかん。しかし、何と言っても大事なのは経験だよ。経験ほど優れた教師はほかにいない。相場で成功しようと思ったら、どの項目も重要だ。相場師の中には、観察力、記憶力の面で優れるが、経験がまだまだという若いものもいれば、経験はあっても記憶力、観察力がだめ、あるいは数学的才能がないというものもいる。どの能力も欠かすわけにはいかんが、成功を続けるための絶対条件といえば、やはり場数を踏むということだろう」

「われわれは、われわれによる体験の集大成である」と説いた

〈アリストテレスの指摘〉

「世紀の相場師　ジェシー・リバモア」角川書店刊181ページ

「実生活による体験が無意識のうちに内部に蓄積され、それが高い知性の力によって外の世界に引き出される。人類の一部はこれを〝直感〟と呼んでいる。そうした意識下の世界を完全に理解することは可能であろうか？」

同書　180～181ページ

「リバモアは、自分の意識下の世界、つまり眠ることのない自分の精神を理解しようと、やむことのない努力を続けた。フロイトを研究し、ユングの論著を読みあさった。人間の内的世界にひそむ不可思議さを彼は十分理解していた。その世界は人による創造的表現の源泉だった。人は表面的意識の向こうに、一層深みのある回答を抱えているのであろうか？その〝向こう側の世界〟を自在に操ることができるのだろうか？　多分できる、とリバモアは考えた」

4. あきらめない

成功への道で次に大事なことは、〝けっしてあきらめない〟ことです。自分の力で利益を出せるレベルに到達するまであきらめないことです。あきらめずに継続することです。ちょっと極端ですが、同じことを1万回繰り返したらほとんどの人は上達します。でも上達する前に多くの人はあきらめてしまうのです。これはトレードの世界だけではなく、全てに共通するかもしれませんね。

◆目標達成に向けたエネルギーと集中

ありとあらゆる技術というものは、それが仕事であれスポーツであれ遊びであれ、単に漠然と同じことを繰り返すだけで向上するものではありません。自分自身の目標を設定し、その目標達成に向けてエネルギーと注意を集中して行動することが必要なのです。成果はその集中と努力についてきます。

もしオプション取引を行って成果が得られないときには、〝目標を決め、それに向かってエネルギーと注意を集中しているかどうか〟ふり返ってみてください。

ただ漠然と続けるだけでは、すぐにあきらめてしまいます。意思をもたない単なる同じことの繰り返しだからです。ただの繰り返しを1万回続ければ習得できると分かっていても、それができる人はいないでしょう。それに時間のムダですね。

目標をもちエネルギーを注ぎ込んで集中すれば、必ず勝つための法則が見つかります。もしそれでも成果が得られなかったときには、あらためてふり返り考えるのです。

「目標を決めて集中して行ったのに、なぜ失敗したのだろう」と。そして理由を探るわけです。その過程が大事なのです。そして自分で理由を見つけることが大事なのです。理由が分かれば、次はその失敗を繰り返さないようにするでしょう。

そうすれば上達はあっという間です。

〝偶然に成功することはあっても偶然に失敗することはない〟

失敗には必ず明白な理由が存在します。それを自分で見つけることが重要です。人から指摘されるだけでは、いつまで経っても自分のものになりません。

◆失敗の理由を探る

もう少し深くお話していきましょう。

失敗の理由を自分で検証し見つけるにはどうしたらよいか。オプション取引で上達するための経験とはどのようなものなのか。

前にも述べた「目標を決めて意識すること」が最も大切です。しかし勘違いしないでください。ここで言う目標とは「利益目標」ではありません。習得しようとする取引手法や技能です。何が上手くいって、何ができなかったのか、一つ一つ意識して検証するのです。そして自分の性格に適した手法はどれなのか。自分にはどんなリスク管理が必要なのか。

それを知らないままに取引を行っていると、不測の事態でパニックに陥ってしまうのです。

次に挙げる項目を検証してみてください。

失敗の理由を探る

１．自分の取引実践力を阻む悪いクセなどがないか
２．資金量と建て玉とのバランスがとれているか
３．リスク管理ができているか
４．集中力があるか

5. 市場の動きをよく観察しているか
6. 損失を出してもその理由が説明でき納得できるか
7. 次に損失を取り返すための準備ができているか
8. 利益は「まぐれではない」と言い切れるか
9. 取引しているときの心理状態は怖いかどうか

これらを検証した上で〝何が自分に向いているのか〟をあらためて考えてください。もしオプション取引が自分に向いていないと思うなら止めることです。

全ての人に向いている投資方法はありません。ムリをすることはないのです。ムリをして良いことは決してありません。先に述べたように、〝自分では投資行為を行わない〟ことが資産運用の選択肢になるケースもあるのですから。

◆失敗を生かす

「失敗は成功の母」という言葉を耳にしたことがない人はおそらくいないでしょう。失敗体験は、そこから何かを学び得ることができた途端に、貴重な体験へと生まれ変わります。この失敗体験の大切さについては、ハロルド・ジェニーンも語っています。

参考になる成功者の言葉

「プロフェッショナルマネジャー」１９６〜１９７ページプレジデント社刊

「人は失敗から学ぶのだ。成功から学ぶことはめったにない。たいていの人は、〝失敗〟の意味を考える以上に時間をかけて〝成功〟の意味を考えようとしない……。成功は失敗よりずっと扱いにくいもののように思われる。なぜなら、それをどう扱うかは、まったく本人次第だからである」

トレードにおいても同じことが言えますね。「トレードの失敗」から多くを学ぶことができるのです。ジェニーンの言うように、成功については巧くいったのですから、なぜ成功したのかについて時間をかけて検証することはほとんどありません。

でも成功するつもりで行ったトレードが失敗に終われば「なぜだろう」といろいろ考えます。考えない人は論外ですね。そうやって検証した結果判明した理由を次に生かせば「同じ失敗は回避できる」ということが理論的には分かります。

つまり同じ失敗を繰り返す人は、この検証をしていないことになります。それでは成功への道は遠のくばかりです。

◆成功の理由を探る

先ほども述べたように〝成功の理由を探る人は少ない〟という指摘もたしかです。「巧くいったのだから何も検証する必要はないではないか」と思いますね。もちろんです。理由がはっきり分かっている成功はすばらしいです。検証して理由を探る必要はまったくありません。ぜひまたその方法で利益を上げましょう。

しかし成功にはえてして偶然やまぐれが多いことも事実なのです。どうでしょうか。「何となく巧くいった」という経験はありませんか。はっきり理由が分かっている成功ばかりですか。成功の理由が分からない場合は、〝まぐれか偶然〟ということですから、その理由を探ることは大事なことです。

そうすれば次は〝まぐれではない成功〟つまり〝確信ある成功〟になるわけです。そしてそれはしっかりと身についてくるでしょう。

プロが教えるオプションの魅力

――なぜ失敗したか分からない――

よくオプション取引をしている個人投資家の方から「目標を決めて集中してトレードをしているけれど、うまくいかない」という声を聞きます。それに対する答は次のようになります。

「その目標は自分に適したものでしたか。ムリをして自分には合わない目標を設定していませんか。失敗の理由は分かりましたか。それでもうまくいかないなら、目標（学ぼうとする手法）がご自分に向いていないのだと思います。」

自分に向いている手法というのは、ムリしなくても、あまり頑張らなくても利益があげられる手法のことです。背伸びしていてはいつか苦しくなります。

資産運用はマラソンのようなものです。自分のペースで走っていかないと途中でリタイアせざるをえなくなります。

◆自分を知る、再び

先に説明したことと重複する部分がありますが、もっとも大事な部分ですので、再度お話したいと思います。

第8章で紹介したように私はパンローリング主催のオプション倶楽部でアドバイザーを務めていますが、ときどき会員の方から

「目標を決め集中して取引を行っているのに成果が上がらない」

「〝目標を決めろ、集中しろ、エネルギーを傾けろ〟と言うが、そのようにやっても、うまくいかないじゃないか」

という声を聞くことがあります。

会員の方でなくても、そのように感じてらっしゃる方は、次のことをよく考えてみてください。

●自分に合った手法

目標を高く掲げることは悪いことではありません。大事なことです。しかしだからと言って、ただやみくもに高く掲げても意味がありません。問題は〝達成できるかどうか〟なのです。しかもずっとです。継続して利益を上げ続けることができる手法のことです。

自分に合った手法というのは、自分がやっていて飽きない、好きな手法のこと

もちろんエネルギーと集中は傾けますが、自分としてはそれほど頑張らなくても利益が出せる。たとえ利益率が低かったとしても、利益をあげる自信があることが大事なのです。

●資産運用はマラソンのようなもの

運用はずっと続きます。ゴールのないマラソンと同じです。と言うと、考えただけで苦しくなってしまいますが、ある意味で生活の一部として考えるとよいのではないでしょうか。マラソンで走るときゴールに完走することが目的ですから、そのためには何をしますか。ムリのない自分のペースで走りますね。マラソンが得意ではないのに「入賞しよう」などと目標を高く掲げすぎると、結果として息が続かなかったり、お腹が痛くなったりして棄権になってしまいます。

ムリをして高い利益を狙ったりしていると、必ずいつかその緊張が切れて、思わぬ大ケガをしてしまいます。あまり頑張らずに生涯利益を出す技術を習得できたのなら、こんなに素晴らしいことはありません。

〈投資で成功するということ〉

●生涯にわたって資産を増やしていく技術を会得するということ

●そして最終的に大きな利益を上げること

●1度や2度の売買の成功を意味しているのではないのです

5. 成功者を真似る

これはかなり大事なことです。順番が後になりましたが、自分に合った手法を見つけるときに、この選択肢も含めてください。自分に合った手法だから、自分が知っているやり方の中から選ぶというのでは、いつまで経っても上達した手法を身につけることはできないでしょう。

私がこれまでお伝えした手法を真似る、あるいは他で知った方法を真似る、ことは大事な選択肢の一つです。

スポーツを例にとってみましょう。

ゴルフ、野球、テニス、水泳等、これらすべての分野において上達する一番の近道は、成功者（プロ）から直接レッスンを受けることですね。なぜなら彼らは多くの経験を積み試行錯誤を繰り返し、そして成功者となっているからです。

つまりその人が〝成功に至る過程で失敗していく体験や過ち〟を経験せずに済む、ということなのです。失敗しそうなとき、指針を与えてくれるのです。成功に辿り着く道をずばり教えてくれるわけです。

方向が分かればあとは自分で歩いていくだけです。自分を知り、自分に適した走法で、経験を重ねていけばよいのです。

素晴らしいと思いませんか。時間の節約、そしてお金の節約にもなります。

◆楽して儲けよう！

しかしどういうわけか多くの人は、自分で頑張ってしまいます。そして頑張れば頑張るほど基本から外れていくのです。笑い話ではなく本当なのです。〝マネをする〟という言い方に、一種の後ろめたさを感じるのかもしれません。

それとも〝楽して儲けようと思うな、苦労しろ〟と自分に言い聞かせているのでしょうか。〝苦労の後に楽あり〟といった信念の下に頑張っておられるのでしょうか。

●基本の上に成り立った経験を積むこと

しかし基本の上に成り立った経験を積まない限り、せっかくの経験も砂上の楼閣です。ちょっと風が吹けば壊れてしまいます。自分だけで頑張って自己流にこだわって失敗を繰り返していると、ますます客観的に事態を見られなくなってしまいます。

もしかすると、「成功者のマネをせよ！」などと言わずに「自分ひとりで頑張るな！」と言ったほうがよいのかもしれませんね。

私が皆さんにお勧めする方法は**「楽して儲けよう！」**ということなのです。

◆成功者を真似ることは成功への近道

マネることの素晴らしさについては、成功者たちも言っています。そして私も成功した先人のマネをしただけなのです。私はただ同じこと（基本と普遍的な考え）を繰り返しているだけなのです。

しかし往々にして日々の慣れの中で、この〝基本と普遍的な考え〟は忘れられてしまいがちです。この基本を外れず過たず実行し続けることは、なかなかできないものなのです。私が先に述べたくくりの中で成功者に入れてもらえるならば、この基本と普遍的な考えから逸脱することなくやってきたからだと自負しています。

ぜひ〝成功者のマネをせよ！〟を信じて、実践してみてください。株式売買でも、先物売買でも、オプション取引でも、とにかく成功者がやっているやり方をそのままマネして本当にうまくいくかどうか試してみてください。成功への第一歩は、モノマネです。しかも成功者のモノマネです。

そうすれば経験の第一歩は、先人によって立証された基本となりますので、さらに実践を積み重ねて自分自身を知り、得意手法を見つけてください。

◆おわりに

本書を終えるにあたって、一見オプション取引とは関係がないように見えて、実は非常に大切なことをお話したいと思います。

皆さんは幸田露伴の『努力論』をご存知でしょうか。その中に以下のようなくだりがあります。

「仕事に限らず趣味においても、心の中でも手のひらの上でも最高最善のものをもちたいものだ。盆栽でも安物に甘んじてはいけない。広く浅いものよりも、むしろ狭くても深く一流を追求したほうがよい。盆栽の場合でいえば、草も木もというのではなく、木なら木、それも石榴だったらだれにもひけをとらないというぐあいの志をもって、石榴に専念すれば、第一人者になれなくても、ふつうの人の及ばない水準に到達することはたやすいことなのである。それは、どんな凡庸な人でも、狙いを絞って最狭の範囲内で最高のところに志望をおくならば、決して夢ではないのだ。」

自分を知り、自分が得意とするものを見つけ、それにエネルギーを集中し精通すれば必ずや他を圧倒する存在になれるのです。私がここまでやってこられたのも、このような先人の言葉に励まされたおかげだと思っています。

誰でも上達するには登らねばならない階段があります。まだ3～4段にいる人がいきなり10段も上に飛び乗ろうとしても無駄なのです。あせらずに、一段一段登るように基礎を固めていってください。市場や手法を絞って基礎的な売買を重ねていけば誰でも上達できるのです。

■著者紹介

増田丞美（ますだすけみ）

1985年米国コロンビア大学大学院（金融工学）卒業後、野村證券（東京本社及び英国現地法人）、米国投資銀行モルガンスタンレー（ロンドン）等を経て、現在、アストマックス株式会社(国内投資顧問)及び米国法人アストマックスUSA（米国投資顧問）にて、それぞれチーフアナリスト兼エグゼクティブ・バイスプレジデントとして資産運用業務に携わる。

著書に『マンガ・オプション売買入門の入門』『最新版オプション売買入門』『最新版オプション売買の実践』『私はこうして投資を学んだ』『オプション倶楽部の投資法』『オプション売買の実践日経225編』『オプション売買学習ノート』『資産運用としてのオプション取引入門』（以上、パンローリング刊）『日経225オプション取引基本と実践』『日経225先物取引基本と実践』（以上、日本実業出版刊）

訳書に『カプランのオプション売買戦略』『トレードとセックスと死：相場とギャンブルで勝方法』『オプションボラティリティ売買入門』『ディーラーをやっつけろ！』（パンローリング刊）等がある。本業の傍ら、パンローリング主催のオプション倶楽部のスーパーバイザーも務め、オプショントレーダーのプロとして数々の実績を上げている。現在、妻、ロンドン生まれの愛娘とともに横浜に在住。

2006年 11月 3日 初版第 1 刷発行

プロが教《おし》えるオプション売買《ばいばい》の実践《じっせん》

著　者　　増田丞美
発行者　　後藤康徳
発行所　　パンローリング株式会社
〒 160-0023　東京都新宿区西新宿 7-9-18-6F
TEL 03-5386-7391　FAX 03-5386-7393
http://www.panrolling.com/
E-mail　info@panrolling.com
編　集　　中村千砂子
装　丁　　パンローリング株式会社　装丁室
組　版　　パンローリング株式会社
印刷・製本　株式会社シナノ

ISBN4-7759-9041-1

増田丞美氏が講演した セミナービデオ・DVD

●『オプション倶楽部のLEAPSとNOPS戦略』(188分) 定価39,900円(税込)

オプション売買にはさまざまな手法があり、売買の組合せも無数にあります。
では、個人投資家が実践しやすく、成功の確率が高い売買戦略とはあるのでしょうか?

●『オプション売買入門セミナー』 DVD/ビデオ (176分+152分)資料付 定価39,900円(税込)

本セミナーでは、機関投資家(トレーダー)ではなく個人投資家(トレーダー)を対象に自分の実際のオプション売買経験を基に、実践的な話しを展開する予定です。

●『第2回 オプション売買入門セミナー』 DVD/ビデオ (170+150分)資料付 定価50,400円(税込)

人数限定で開催された「リアルタイムトレードセミナー オプション売買実践編」では、高額だったにも関わらず、早々に満席、次回も受講するという参加者が9割にも達し、あまりの反響の良さに我々も驚かされました。

●『資産運用としてのオプション取引入門』(122分)資料付 定価3,990円(税込)

長年にわたってオプション売買を実践し、成果を収めてきた"オプション取引の第一人者"である増田丞美氏を講師に迎え、オプションとは何かから始まり、利益を上げるための実戦的な取引戦略までを解説していただきます。

●『勝利のための実践ノウハウ!! アメリカ株のオプション売買セミナー』(210分) 定価29,400円(税込)

本セミナーでは、米個別株に対象を絞り、オプション取引で成功するための実践的な売買技術を身につけていただきます。

●『外国株取引入門』 DVD/ビデオ (68分) 定価3,990円(税込)

なぜ外国株式なのか?日本市場との違いは?取引所代表銘柄取引にあたって。ETFデリバティブ市場ITM(イン・ザ・マネー)コールの買い。ITMプットの買い。LEAPS。PUTの売り。各月間サヤ取り。欧州株式市場代表的取引所。代表的銘柄。欧州株価指数。デリバティブ市場。米国株式市場の将来の動向を予想するための知恵と法則を伝授。

●『日経225オプション売買セミナー[入門編]』 DVD/ビデオ (172分+135分)資料付 定価28,000円(税込)

面白みもなく当然のことですが、株式投資などマネーゲームにおいて、最も重要なことであり、日経225オプション取引においては、より顕著にその結果がでるでしょう。

●『日経225オプション売買セミナー[実践編]』 DVD/ビデオ (181分+142分)資料付 定価40,000円(税込)

本セミナーの目的は、225オプション取引において成功するための知識と技術を徹底的に身につけていただくことにあります。

●『カリスマ投資家一問一答』 山本有花/東保裕之/足立眞一/増田丞美 (97分) 定価1,890円(税込)

自分よりも頭のいい参加者に勝ち、利益を上げるためには!? 1年でもっとも話題になった本の著者が贈る投資のヒント集!!

これを知らずしてオプション取引をするのは危険だ!!

増田丞美の本 ～オプショントレーダーの必読書～

最新版 オプション売買入門

定価5,040円(税込)
ISBN-4-7759-9026-1

株式や先物にはないオプションならではの優位性を使って利益を上げる実践的オプション売買マニュアル！

最新版 オプション売買の実践

定価6,090円(税込)
ISBN-4-7759-9027-8

入門書に続き、「オプション投資家待望の書が登場！ 実践家による「勝てるオプションの実践書」！

訳書

カプランのオプション売買戦略

デビッド・L・カプラン
増田丞美
定価8,190円(税込)
ISBN-4-9391-0323-0

経済情報番組ブルームバーグテレビジョンにて紹介された話題の本。

私はこうして投資を学んだ

定価1,890円(税込)
ISBN-4-7759-9014-8

実際に投資で利益を上げている著者が今現在、実際に利益を上げている考え方&手法を大胆にも公開！

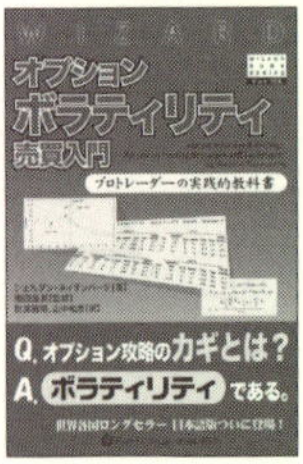

オプションボラティリティ売買入門

シェルダン・ネイテンバーグ
増田丞美/世良敬明/山中和彦
定価6,090円(税込)
ISBN-4-7759-7070-6

世界中のトレーダーたちの「必読の書」！

トレードとセックスと死 ——相場とギャンブルで勝つ法

ジュエル・E・アンダーソン
堀越修/坂本秀和/増田丞美
定価2,940円(税込)
ISBN-4-9391-0338-4

マンガ

マンガオプション売買入門の入門

増田丞美/小川集
定価2,940円(税込)
ISBN-4-7759-3007-6

実践家が書いた すぐ始めたい人の教科書

オプションの優位性を生かせ！ムズカシイ理論はいらない。必要なことだけをわかりやすく解説した実践的入門書。

＜3＞ 順張りか逆張りか、中長期売買法の極意を完全マスターする！

タートルズの秘密
ラッセル・サンズ著

中・長期売買に興味がある人や、アメリカで莫大な資産を築いた本物の投資手法・戦略を学びたい方必携！

定価20,790円（税込）

カウンターゲーム
アンソニー・M・ガレア＆ウィリアム・パタロンⅢ世著
序文：ジム・ロジャーズ

ジム・ロジャーズも絶賛の「逆張り株式投資法」の決定版！
個人でできるグレアム、バフェット流バリュー投資術！

定価2,940円（税込）

オニールの成長株発掘法
ウィリアム・J・オニール著

あの「マーケットの魔術師」が平易な文章で書き下ろした、全米で100万部突破の大ベストセラー！

定価2,940円（税込）

オニールの相場師養成講座
ウィリアム・J・オニール著

今日の株式市場でお金を儲けて、
そしてお金を守るためのきわめて常識的な戦略。

定価2,940円（税込）

オニールの空売り練習帖
ウィリアム・J・オニール著

売る方法を知らずして、買うべからず。売りの極意を教えます！
「マーケットの魔術師」オニールが空売りの奥義を明かした！

定価2,940円（税込）

ウォール街で勝つ法則
ジェームズ・P・オショーネシー著

『証券分析』以来の名著と誉れ高いベストセラー！
クオンツ（数量分析）のバイブル登場！

定価6,090円（税込）

トレンドフォロー入門
マイケル・コベル著

初のトレンドフォロー決定版！
トレンドフォロー・トレーディングに関する初めての本。

定価6,090円（税込）

バイ・アンド・ホールド時代の終焉
エド・イースタリング著

買えば儲かる時代は終わった！　高PER、低配当、低インフレ時代の現在は、バイ・アンド・ホールド投資は不向きである。

定価2,940円（税込）

株式インサイダー投資法
チャールズ・ビダーマン＆デビッド・サンチ著

利益もPERも見てはいけない！
インサイダーの側についていけ！

定価2,940円（税込）

ラリー・ウィリアムズの「インサイダー情報」で儲ける方法
ラリー・ウィリアムズ著

“常勝大手投資家”コマーシャルズについていけ！

定価6,090円（税込）

＜4＞ テクニカル分析の真髄を見極め、奥義を知って、プロになる！

投資苑 ／ 投資苑2

アレキサンダー・エルダー著

ベストセラー『投資苑』とその続編 エルダー博士はどこで
仕掛け、どこで手仕舞いしているのかが今、明らかになる！

定価各6,090円（税込）

投資苑がわかる203問
投資苑2 Q&A

アレキサンダー・エルダー著

定価各2,940円（税込）

高勝率トレード学のススメ

マーセル・リンク著

高確率な押し・戻り売買と正しくオシレーターを使って、運やツキで
なく、将来も勝てるトレーダーになる！

定価6,090円（税込）

シュワッガーのテクニカル分析

ジャック・D・シュワッガー著

シュワッガーが、これから投資を始める人や投資手法を
立て直したい人のために書き下ろした実践チャート入門。

定価3,045円（税込）

マーケットのテクニカル秘録

チャールズ・ルボー＆
デビッド・ルーカス著

プロのトレーダーが世界中のさまざまな市場で使用している洗練さ
れたテクニカル指標の応用法が理解できる。

定価6,090円（税込）

ワイルダーのテクニカル分析入門

J・ウエルズ・
ワイルダー・ジュニア著

オシレーターの売買シグナルによるトレード実践法
RSI、ADX開発者自身による伝説の書！

定価10,290円（税込）

マーケットのテクニカル百科 入門編・実践編

ロバート・
D・エドワーズ著

アメリカで50年支持され続けている
テクニカル分析の最高峰が大幅刷新！

定価6,090円（税込）

魔術師たちのトレーディングモデル

リック・
ベンシニョール著

「トレードの達人である12人の著者たち」が、トレードで成功するた
めのテクニックと戦略を明らかにしています。

定価6,090円（税込）

ウエンスタインのテクニカル分析入門

スタン・
ウエンスタイン著

ホームトレーダーとして一貫してどんなマーケットのときにも利益を上
げるためにはベア相場で儲けることが不可欠!

定価2,940円（税込）

デマークのチャート分析テクニック

トーマス・
R・デマーク著

いつ仕掛け、いつ手仕舞うのか。
トレンドの転換点が分かれば、勝機が見える!

定価6,090円（税込）

<7>「相場は心理」…大衆と己の心理を知らずして、相場は張れない！

投資苑（とうしえん）

アレキサンダー・エルダー著

アメリカのほか世界8カ国で翻訳され、各国で超ロングセラー。精神分析医がプロのトレーダーになって書いた心理学的アプローチ相場本の決定版！

定価6,090円（税込）

投資苑 2 トレーディングルームにようこそ

アレキサンダー・エルダー著

世界的ベストセラー『投資苑』の続編、ついに刊行！
エルダー博士はどこで仕掛け、どこで手仕舞いしているのか今、明らかになる！

定価6,090円（税込）

投資苑がわかる203問

アレキサンダー・エルダー著

初心者からできるトレード3大要素（心理・戦略・資金管理）完全征服問題集！　楽しく問題を解きながら、高度なトレーディングの基礎が身につく！

定価2,940円（税込）

投資苑2 Q＆A

アレキサンダー・エルダー著

こんなに『投資苑2』が分かっていいのだろうか！
「実際にトレードするのはQ&Aを読んでからにしてください」（by エルダー博士）

定価2,940円（税込）

ゾーン――相場心理学入門

マーク・ダグラス著

マーケットで優位性を得るために欠かせない、新しい次元の心理状態を習得できる。「ゾーン」の力を最大限に活用しよう。

定価2,940円（税込）

マンガ 投資の心理学

青木俊郎著

頭では分かっているけれど、つい負け癖を繰り返してしまう人へ、投資家心理を理解して成功するための心構えを解説。

定価1,260円（税込）

魔術師たちの心理学

バン・K・タープ著

「秘密を公開しすぎる」との声があがった偉大なトレーダーになるための“ルール”、ここにあり！

定価2,940円（税込）

株式投資は心理戦争

デビッド・N・ドレマン著

「市場から見放されている銘柄のほうが人気銘柄よりも儲けられる！」――最近実施されたコンピューター調査ではこんな分析結果が出ている！

定価2,940円（税込）

よくわかる！シリーズ

割安株も成長株も検索が自由自在 !!

「会社四季報」で銘柄スクリーニング入門

著者 鈴木一之　　　DVD 138 分収録　定価 3,990 円 (税込)

知っているようで知らない『会社四季報』の活用術。その利用は投資家だけでなく、企業や経済、社会を知るための本としても多く使われています。
会社四季報のその活用法は多種多様であり、その使い方次第では、素晴らしい成果を得られることができます。本セミナーではその着眼点や誤った判断方法など鈴木一之氏が自らの成功体験を元にして会社四季報の活用術を解説します。

過去の業績から成長株を探す
資産を 2 年で 40 倍にしたウィリアム・オニールの手法を大公開 !!

大化けする成長株を発掘する方法

著者 鈴木一之　　　DVD 83 分収録　定価 3,990 円 (税込)

大化けする成長株を発掘することは、さほど困難ではない。その投資法とは、利益・増益の確認、株価の位置やトレンド、時価総額など誰もが学習すれば確認できるものばかりだからだ。さらに日本でも上場企業の四半期決算の義務付けにより、成長株の発掘の精度が高められるようになったのは朗報であろう。また本編は前回感謝祭の第二作目としてとして、手仕舞いのタイミングについても詳述する。手仕舞いのタイミングは空売りの定義としても使えるだろう。

世界中のトップトレーダーたちが愛用する、日本古来の分析手法

ローソク足と酒田五法

著者 清水洋介　　　DVD 75 分収録　定価 2,940 円 (税込)

白や黒の縦長の長方形、そこから上下に伸びる線。株価分析において基本となる「ローソク足」は、江戸時代から今日まで脈々と受け継がれています。「ローソク足」を読み解けば投資家心理が判り、投資家心理が判れば相場の方向性が見えてくるものなのです。その「ローソク足チャート」分析の真髄が「酒田五法」。経験則から生み出された、投資家心理を読み解くためのより実践的な分析手法を、分かりやすく解説します。

4 つの組み合わせで株がよくわかる

テクニカル分析 MM 法

著者 増田正美　　　DVD 67 分収録　定価 3,990 円 (税込)

MM 法は売買銘柄の検索や売買参入点を慎重に判断する。それゆえ出現頻度は高くない。しかし、だからこそ個人投資家向けの手法なのだとご理解いただきたい。個人投資家が投資するのは自分のポケットマネー。したがって真剣勝負である。真剣勝負に他人と同じ武器で勝てるだろうか？ 優れた武器が必要ではないだろうか？ しかし、たとえ優れていても、その使い方を知らずに、また修練せずに真剣勝負に勝てるだろうか？ 武器は常に磨くべきであり、準備しすぎということはない。

詳しくは…

http://www.tradersshop.com/

オプション取引をチャートギャラリーで実践！

Chart Gallery Pro

パンローリングのチャートギャラリープロではオプション場帳、理論価格、IV を表示させることが出来ます。ここでは本書に掲載されているオプション場帳の表示の仕方、チャートの出し方を説明します。

STEP1 オプション理論価格とオプションIVの設定

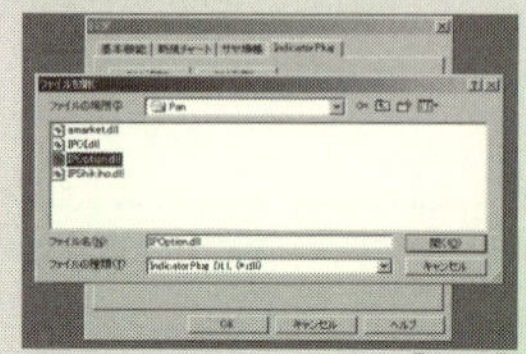
[図 1]

① チャートギャラリープロを起動し、「ツール」メニューの設定を実行し、「IndicatorPlug」タブをクリックします。「DLL追加...」ボタンを押して保存した IPOption.dll を選択して「開く」ボタンを押します。(図 1 参照)

② 指標の一番最後に「オプション理論価格」「オプションIV」が追加されたか確認します。

STEP2 オプション場帳の表示

③ チャートギャラリープロを起動し、メニューバーの「新規作成 - オプション場帳」を実行します。

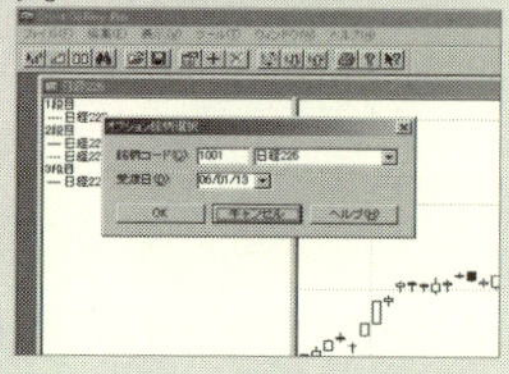
[図 2]

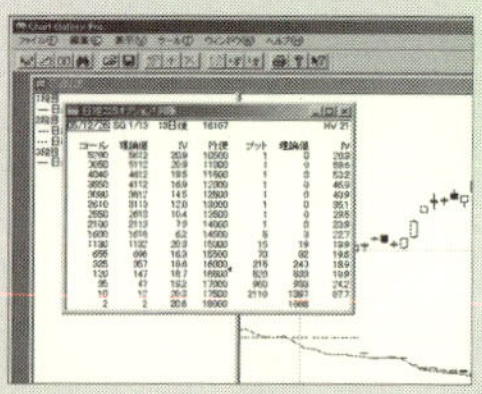
[図 3]

④ 銘柄コードに1001（日経225）受け渡し日を▼で一覧を表示させご希望の限月を選択してOKボタンを押します。(図2参照)

⑤ オプション場帳が表示されます。
キーボードの「Shift+上下矢印」キーで次々とご希望の日付のデータを表示し確認できます。(図3参照)

STEP3 チャートの表示

⑥ オプション場帳のご希望のプレミアムをダブルクリックしますと1段目に原資産、2段目にプレミアムのチャートが表示されます。

⑦ 理論価格を表示するには、例えば、チャート画面の左側の2段目の「日経225 06/01 P15000」を選択し、メニューバーの「編集 - 追加」を実行します。

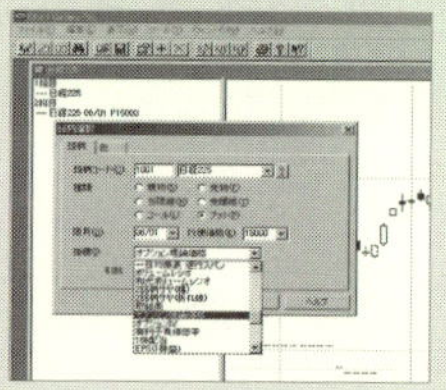
[図 4]

⑧ 銘柄選択ダイアログボックスの指標(I) 欄の▼をクリックし「オプション理論価格」を選択しOKを押します。(図4・5参照)

⑨ 同じように「オプションIV」を表示させるには、チャート画面左側の２段目を選択し、メニューバーの「編集 - 追加」を実行します。(図６・７参照)

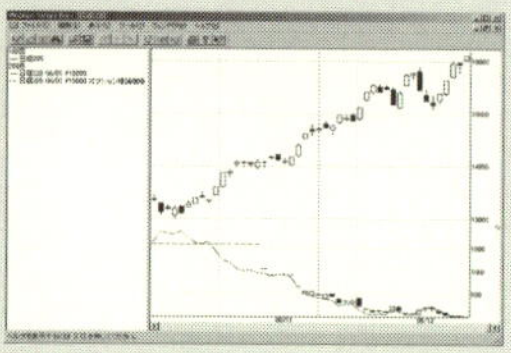
[図 5]

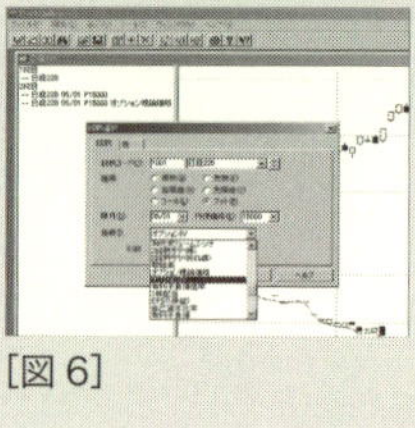
[図 6]

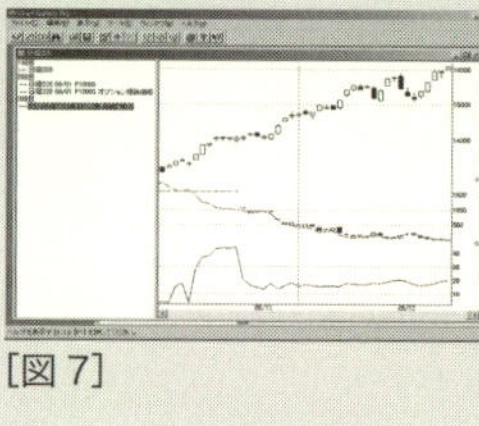
[図 7]

オプション場帳、IVの
チャートを表示して
明日の取引を考察

道具にこだわりを。

よいレシピとよい材料だけでよい料理は生まれません。
一流の料理人は、一流の技術と、それを助ける一流の道具を持っているものです。
成功しているトレーダーに選ばれ、鍛えられたチャートギャラリーだからこそ、
あなたの売買技術がさらに引き立ちます。

Chart Gallery 3.1 for Windows

Established Methods for Every Speculation

パンローリング相場アプリケーション

チャートギャラリープロ 3.1 定価84,000円（本体80,000円＋税5％）
チャートギャラリー 3.1 定価29,400円（本体28,000円＋税5％）

［商品紹介ページ］http://www.panrolling.com/pansoft/chtgal/

RSIなど、指標をいくつでも、何段でも重ね書きできます。移動平均の日数などパラメタも自由に変更できます。一度作ったチャートはファイルにいくつでも保存できますので、毎日すばやくチャートを表示できます。

日々のデータは無料配信しています。ボタンを2、3押すだけの簡単操作で、わずか3分以内でデータを更新。過去データも豊富に収録。

プロ版では、柔軟な銘柄検索などさらに強力な機能を搭載。ほかの投資家の一歩先を行く売買環境を実現できます。

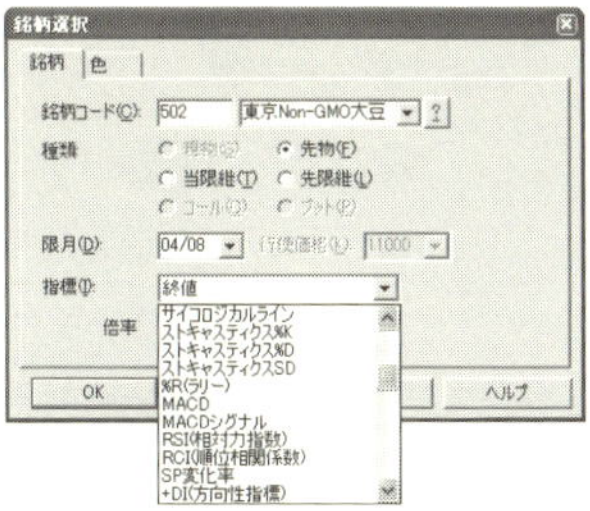

お問合わせ・お申し込みは
Pan Rolling パンローリング株式会社
〒160-0023 東京都新宿区西新宿7-9-18-6F TEL.03-5386-7391 FAX.03-5386-7393
E-Mail info@panrolling.com ホームページ http://www.panrolling.com/